ANALYSIS OF VEHICLE DELAY ACQUISITION METHOD AT SIGNAL INTERSECTION IN MOUNTAIN CITY

张惠玲 著

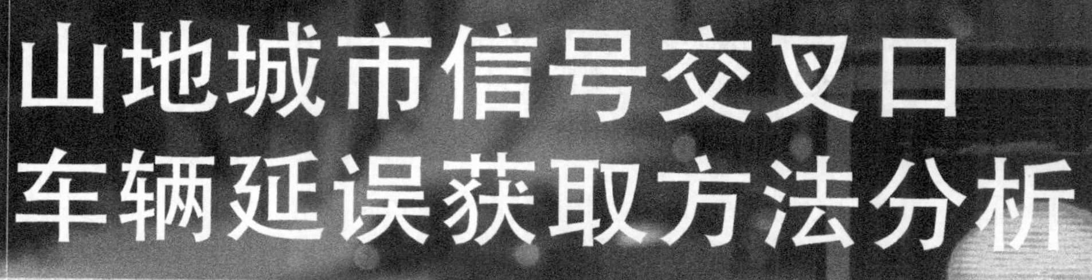

山地城市信号交叉口车辆延误获取方法分析

内 容 提 要

本书可作为21世纪交通版高等学校教材之一。本书在对目前延误的获取方法进行较系统概括的基础上,重点针对山地城市道路特征,分析了其延误获取的方式。内容共分为7章,主要包括:绪论、国内外研究现状及相关方法分析、山地城市车辆运行分析、基于模型解析的延误获取分析、基于首车到达的延误模型建模、基于轨迹重构的延误推算分析及研究结论等内容。

本书可以作为高等院校交通相关专业方向的本科生及研究生教材,也可作为相关领域科研及工程技术人员的参考用书。

图书在版编目(CIP)数据

山地城市信号交叉口车辆延误获取方法分析 / 张惠玲著. — 北京 : 人民交通出版社股份有限公司, 2019.8

ISBN 978-7-114-15774-5

Ⅰ. ①山… Ⅱ. ①张… Ⅲ. ①山区城市—城市道路—交叉路口—交通信号—延误—研究 Ⅳ. ①U491.5

中国版本图书馆CIP数据核字(2019)第179523号

Shandi Chengshi Xinhao Jiaochakou Cheliang Yanwu Huoqu Fangfa Fenxi

书　　名:山地城市信号交叉口车辆延误获取方法分析

著 作 者:张惠玲

责任编辑:郭红蕊　郭晓旭

责任校对:张　贺　龙　雪

责任印制:张　凯

出版发行:人民交通出版社股份有限公司

地　　址:(100011)北京市朝阳区安定门外外馆斜街3号

网　　址:http://www.ccpress.com.cn

销售电话:(010)59757973

总 经 销:人民交通出版社股份有限公司发行部

经　　销:各地新华书店

印　　刷:北京虎彩文化传播有限公司

开　　本:787×1092　1/16

印　　张:8.75

字　　数:200千

版　　次:2019年8月　第1版

印　　次:2019年8月　第1次印刷

书　　号:ISBN 978-7-114-15774-5

定　　价:30.00元

(有印刷、装订质量问题的图书由本公司负责调换)

前　　言

延误是信号控制交叉口的核心参数之一，可作为交叉口服务水平评价的主要输入参数，也可作为信号控制交叉口配时优劣的基础评价参数之一。

山地城市由于其道路转弯半径小，坡度较大，且大多路段交叉口进口道曲线段线形复杂，所以车辆在进口道运行的速度与平直路段有所差异，进而造成山地城市信号交叉口的延误参数与其他城市有所不同。本书以作者申请的国家自然科学基金项目“基于前几辆车辆延误（FFVD）探索山地城市信号交叉口延误计算新方法”（项目号51508061）的研究成果为依托，对山地城市信号交叉口的车辆延误获取方法进行了较系统的分析。首先对传统的延误调查方法以及模型获取方法进行了细致的描述和分析，指出了各方法的特征；再次，考虑山地城市道路特征，在分析其车辆运行速度特征的基础上，对传统的延误模型进行了改进；结合目前我国在交叉口广泛设置的检测器能够获取的信息，以第一辆车到达时间为例，对到达时间序列进行了拟合分析，并通过正交试验设计的方法，借助微观仿真平台，对影响第一辆车到达时间的因素进行了分析，并对第一辆车的到达时间进行了预测，建立了第一辆车到达信息情况下的进口道延误获取模型；考虑监控摄像头可以获取前几辆车的到达时间等信息，尝试对进口道车辆的到达及离开轨迹信息进行了重构，并利用重构的轨迹信息提取信号交叉口的车辆延误值。

本书由张惠玲独著而成，研究过程中项目组成员做了很多有益的探索，并参考了国内外许多专家学者们的文献与著作，引用了其中的观点与结论，在此一并表示感谢！

鉴于交通检测及数据来源的不断发展与补充，延误参数提取及山地城市特征等很多方面还有待深入研究，且作者水平有限，错误和不当之处在所难免，敬请各位读者批评指正。

作　者

2019年4月

目　　录

第1章　绪　　论

1.1　背景

延误是评价信号交叉口运行效率和服务水平的重要度量指标，该参数不仅反映了驾驶员不舒适性、受阻、行驶时间损失和车辆油耗情况，还反映了交叉口规划、信号控制设计的合理性。许多国家（如美国、加拿大等）更是把延误指标作为评价交叉口运行效率的量度。

目前，人工调查延误的方式精度较高，但费用较高，可持续性不高。视频检测方式可以考虑交通随机影响，但检测器设置要求较高，实现较困难。理论解析法可持续获得延误数值，且检测器设置要求不高，但模型中实时交通信息的缺失使得该方法得出的延误难以准确反映实际情况。

山地城市具有道路纵坡较大、转弯较多、道路较窄、道路线形较复杂、畸形交叉口较多等特征。重庆市作为我国典型的组团式山地城市，山地面积占整体面积90%左右，交通组成几乎没有自行车，道路组成较复杂，如位于重庆主城沙坪坝区连接天星桥和石小路的天马路出现持续的上坡与下坡，最大坡度超过18%。主城渝中区南区公园路出现连续"S"形转弯路段，且路段一端的南区路—南区公园路交叉口道路纵坡接近6%。山地城市独特的道路特征使得行驶的车辆动力特征发生改变，主要体现在车辆行驶加速度、速度等参数会随着坡度、转弯半径等山地城市道路特征发生变化，车辆加速度、速度等参数的变化会进一步导致交叉口进口道饱和流量、车辆自由行驶速度以及自由行驶时间等参数发生变化，进而导致不同山地道路特征下由信号控制引起的车辆延误值发生变化。

以山地城市信号交叉口为基础，结合延误方法分析结果，考虑设备的设置情况，探索山地城市信号交叉口车辆延误计算新方法，进而向山地城市信号交叉口提供稳定的数据来源是目前需要解决的问题。

目前较多城市的交通管理部门在信号交叉口停车线附近设置了视频监控设施或线圈检测器，这些视频监控设施或线圈的设置在发挥其原定功能的同时，为获取信号灯设置下红灯期间前几辆到达车辆的信息提供了可能，也为丰富交叉口相关参数的提取提供了现实基础。

如图1-1所示，在监控视频中，一般可以获取前1～4辆车的信息，结合车辆自由行驶的速度可以得到前几辆车的实时精确延误值，本书将前几辆车辆的延误称为FFVD（First Few Vehicles Delay）。

针对城市已布设的视频监控环境，可以采用图像处理技术设定虚拟线圈检测器，获取周期前几辆到达车辆的到达时间、离开时间等信息，结合绿灯期间实时提取的车辆自由行驶速度等信息，可以实时精确获取前几辆车辆的延误，即FFVD，所以视频检测技术的发展和应用为本书的研究提供了技术背景。

图 1-1 监控视频截图

1.2 相关概念界定

由于对延误认识的差别，不同的学者从不同的角度对其进行定义，出现了停车延误、进口道延误和控制延误等不同的概念。

一般而言，车辆通过信号控制交叉口的延误如图 1-2 所示。停车延误是指车辆在交叉口进口道前排队静止不动这段时间内产生的延误，停车延误等于停车时间（包括车辆由停止到再次起动时驾驶员的反应时间）。进口道延误是车辆在停止线之前行程时间的损失，包含了停车延误时间和车辆在停止线之前经历的减速延误和加速延误。控制延误包括停车延误与车辆在达到正常速度之前经历的减、加速延误之和。

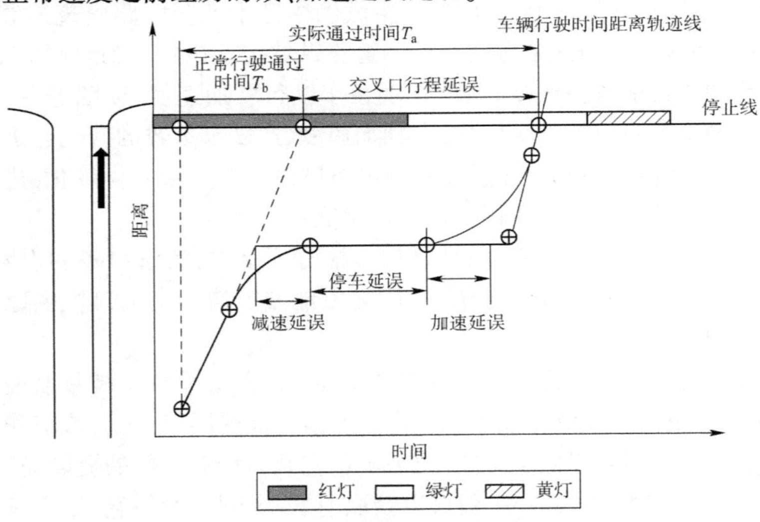

图 1-2 信号控制交叉口车辆延误

由上述理论分析可知，停车延误 d_{stop} 是车辆通过交叉口时产生延误的主要组成部分。进口道延误 d_{app} 和控制延误 d_{con} 均是以停车延误为基础，加上车辆的加速延误和减速延误得到，其应满足如下关系

$$d_{app} = d_{stop} + d'_{dec} + d'_{acc} \tag{1-1}$$

$$d_{con} = d_{app} + d''_{dec} + d''_{acc} \tag{1-2}$$

式中：d'_{dec}——停止线前的减速延误；

d'_{acc}——停止线前的加速延误；

d''_{dec}——停止线后的减速延误；

d''_{acc}——停止线后的加速延误。

式(1-1)、式(1-2)的表述中，控制延误包含了车辆越过停止线以后的加速延误，还包含车辆越过停止线后由于冲突车辆或过街行人与非机动车的干扰等因素而产生的行驶时间的损失，而进口道延误则不包含车辆越过停止线以后所产生的延误。

1.3 研究目的及意义

本书以视频监控设施的广泛布设为研究契机，以检测器的发展和应用为技术背景，尝试建立 FFVD 和进口道延误之间的关系，进而通过拟合建模和轨迹重构 2 种方式探索山地城市信号交叉口的延误参数获取方法。研究成果可以服务于山地城市信号控制配时方案优化，可以为管理部门制订山地城市道路特征下相关方案提供数据来源，有助于标定山地城市地区车辆在信号交叉口的阻抗，为相关研究打下基础。

1.4 主要内容

本书主要针对以重庆市为代表的山地城市信号交叉口独特的地形特征，通过详细分析 FFVD 的分布特征以及 FFVD 间的关系，借助对车辆轨迹分析以及经典延误模型建立的过程深入分解和剖析，通过两种方法分别对山地城市信号交叉口的延误参数获取方式进行分析和重构。具体研究内容如下：

(1)经典延误模型解析

针对传统的 Webster、Miller、HCM 模型的建模等进行推导和介绍，并应用该模型对重庆市几个路口的延误参数进行计算，与人工提取的真实延误进行对比，数据结果表明经典的延误模型计算精度不高。

(2)山地城市车辆运行特征分析及延误模型改进

针对山地城市的车辆运行特征，区分不同转弯及坡度情况，重点对车辆的运行速度进行分析，通过车载全球定位系统(GPS)采集车辆的运行速度，分析车辆在不同坡度及弯道的运行情况；借助解析得到的延误模型结果，对山地城市道路特征下的延误模型进行模型改进。

(3)基于第一辆车信息的延误获取分析

对交叉口第一辆车到达的特征进行分析，并预测第一辆车在到达的时间，建立第一辆车在到达—离开信息已知的情况下交叉口延误获取的方法，并对该方法在信号配时优化方面的应用进行分析。

(4)FFVD 信息下的车辆到达轨迹重构及延误分析

应用监控场景下获取的前几辆车的到达及离开信息，考虑进口道其他车辆到达的特征及离开情况，重构周期内排队车辆到达轨迹曲线，结合车辆的驶离特征，获取周期时长内进口道的延误值。

1.5 技术路线

本研究主要通过对国内外文献广泛查阅,分析现有文献的研究方法,结合项目前期的研究成果,对项目研究内容进行进一步细化和分析。针对山地城市道路纵坡较大、曲线路段较多等特点,对曲线路段和坡度路段的车辆运行速度特征分别进行分析,拟合得到坡度路段和曲线路段的车辆运行速度特征,然后通过对传统延误模型的深度解析,分别对模型建立的设定、涉及的交通特征参数等进行分析,结合山地城市路段的运行特点,重新修正山地城市道路信号交叉口延误模型。结合目前检测器设置可能获取的第一辆车的时间信息,分析首车到达信息下的延误模型,并借助监控摄像头可以获取前几辆车的信息,分析车辆轨迹重构下的延误获取方法。本研究详细技术路线图如图 1-3 所示。

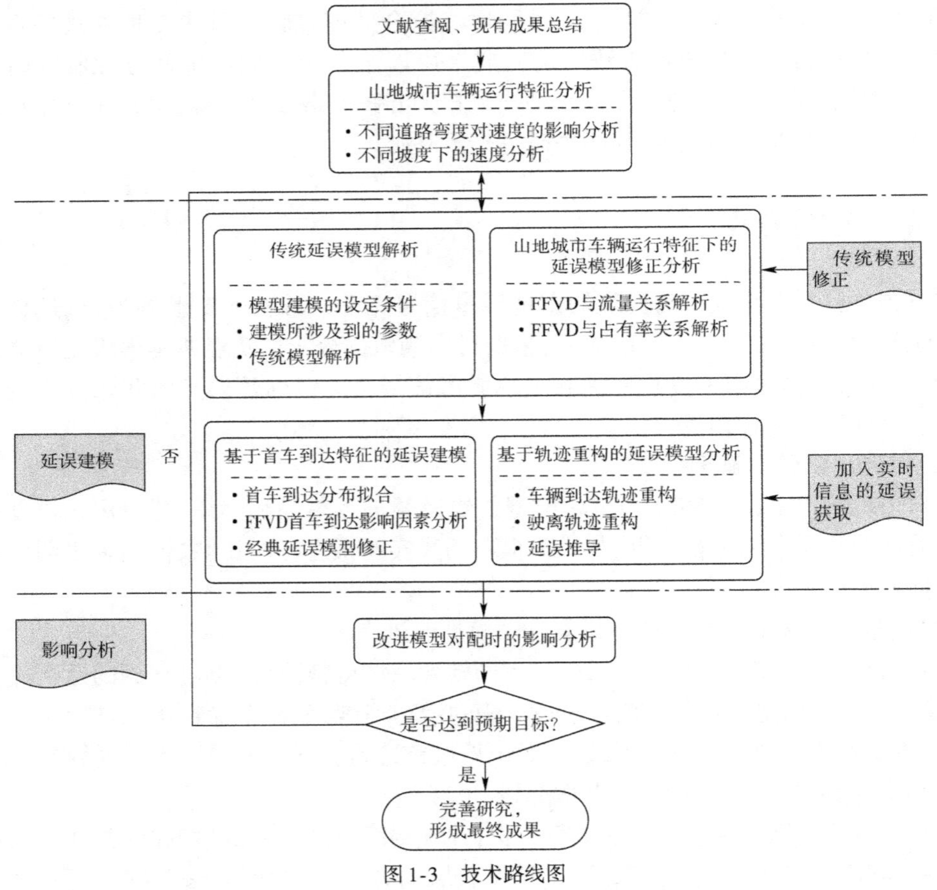

图 1-3 技术路线图

1.6 本章小结

本章主要对研究的背景、目的、意义以及研究内容和技术路线等进行了介绍和说明。

第2章　国内外研究现状及相关方法分析

2.1　山地城市交通特征研究现状

山地城市具有明显不同于平原城市的交通特征。速度作为交通流的基本参数之一，不仅是交通特征的重要体现，也是衡量交通服务质量和定义多种交通服务设施服务水平的重要标准，同时与道路的通行能力、交通安全、交通管理与控制等都有着直接的关系。

Shriniwas S. Arkatkar 等人在《混行交通条件下坡度及坡长对车辆运行的影响》一文中，基于印度国内交通构成非常复杂的前提，使用 HETEROSIM 仿真模型探讨了不同坡度、坡长对混行条件下车辆运行状况的影响。Yu Rongjie 等使用带有实时天气和交通数据的贝叶斯随机影响模型对山区公路的危险因素进行了研究。

Wen Jun 等研究了双向六车道高速公路上的施工区对不同车道、不同车型车辆运行速度的影响，并给出车辆从正常路段驶入施工区瓶颈路段的过程中行驶速度的线性预测模型。道路施工区对车辆运行的影响虽然不同于道路坡度，但是 Wen Jun 等人的研究方法对本研究也具有参考价值。周荣贵等对高速公路车辆运行速度和道路坡度的关系进行了探讨，并建立了基于车辆动力性能的道路纵坡度与实际车辆运行速度之间的关系模型。

1990 年，Lamm 等人通过搜集 322 个曲线段的数据，研究了 85% 位车速与平曲线的关系，确认弯道曲率是影响车辆运行速度的最显著参数。1994 年，Krammes 等人通过采集自由流情况下 138 个平曲线上车辆行驶速度的数据，给出了推荐的速度预测模型，见式(2-1)。

$$v_{85\%} = 102.45 - 1.57D + 0.0037L - 0.10I \tag{2-1}$$

式中：D——曲率；

L——曲线长度；

I——偏角。

梁玉娟等在经典的 NaSch 模型基础上，提出了一种经过改进的能够适应特殊路况的单车道元胞自动机模型。依据该模型，研究者使用计算机数值模拟的方法研究了不同弧长、不同摩擦系数和不同曲率半径下弯道对车辆运行的影响。宋涛等在建立山区公路平曲线运行速度预测模型的过程中，考虑山区公路地形特征，给出了山区公路车辆运行速度的预测指数模型，并结合实际数据对模型参数进行标定。

徐进等提出了一种新的弯坡组合路段车辆运行速度建模的思路及其实现技术，用以解决山区公路三维空间线形条件下的重型车辆运行速度预测问题。将基于平面和横断面的车辆速度曲线作为纵坡路段的车辆期望速度，在加速度模型中使用质量功率比来反映大货车动力性能的差异以及荷载情况，并利用速度敏感性阈值以及加速性能使用系数来描述驾驶行为的差异性。

2.2 延误的获取方法

延误获取方式主要分为以下几种：现场调查法，理论解析法和仿真法。现场调查法是出现最早的一类延误获取方式之一。随着交通参数之间关系模型的建立，使用模型获取延误的方法成了较便捷的一类方式。随后，计算机等技术的逐步应用，使得通过仿真的方式获取交叉口延误也成了一种可行的方法。现对几类方法做如下介绍。

2.2.1 现场调查法

现场调查法可归纳为点样本法和抽样跟踪法。抽样跟踪法又包括牌照法和基于 GPS 或蓝牙的延误提取方法。由于视频采集系统大多是通过现场获取视频提取道路交通参数，所以将它归纳入现场调查法。

1）点样本法

该方法在 1954 年由美国加利福尼亚大学伯克利分校提出，操作简单，不需要专业复杂的仪器设备，广泛应用于世界各国，原理上属于停车时间法。

点样本法是在连续的时间间隔内观测交叉口进口道上所停的车辆数，进而得到车辆在进口道上的停车时间。交叉口每一进口道需要 3～4 名观测人员，其中 1 人为报时员，1 人为记录员，另外 1～2 人为观测员。点样本法的现场观测记录表格式如表 2-1 所示，在调查开始之前应将调查日期、调查地点等填入表中。观测时间间隔一般取 15s（也可选其他值），这样 1min 有 4 个观测时间间隔，0～15s、15～30s、30～45s、45～60s。

点样本法调查交叉口延误现场记录表　　表 2-1

交叉口＿＿＿＿＿＿　引道＿＿＿＿＿＿　车　道＿＿＿＿＿＿

日　期＿＿＿＿＿＿　天气＿＿＿＿＿＿　观测员＿＿＿＿＿＿

开始时间	在下列时间内停在引道内的车辆数				引道交通量	
	+0s	+15s	+30s	+45s	停驶车数	不停驶车数
小计						
合计						

开始观测后，报时员通过秒表，每隔 15s 报时，观察员在听到报时后统计停在进口道停车线后的车辆数，然后告知记录员记录相应内容。记录员每隔 1min 统计出相应的进口道交通量，并分开记录停驶车和不停驶车。停驶车是指在通过停车线之前的进口道中经历了停

车的车辆,不停驶车则是指没有经历过停车而直接通过停车线的车辆。

样本容量的确定。使用点样本法调查交叉口延误时,需要足够样本量来保证调查精度。当停驶车辆的百分率为主要关注对象时,则根据概率统计中的二项分布来确定。

$$N = \frac{(1-p)\chi^2}{pd^2} \tag{2-2}$$

式中:N——最小样本数;

p——交叉口进口道上停驶车的百分率,%;

χ^2——给定置信度下的卡方值,一般情况下,置信度取为95%,相应的$\chi^2 = 3.84$;

d——停驶车辆百分率的容许误差,d 值一般由调查目的确定,其范围一般在 0.01 ~ 0.10之间,通常采用0.05 或0.06。

这里的样本容量是指进口道内停驶车辆和不停驶车辆的总和,为确定适当的样本容量,在正式观测之前需要确定停驶车辆百分率。可通过现场预调研的方式,在交叉口进口道上观测 100 辆左右的车,然后估计出适当 p 值。

通常用以下指标来表述交叉口延误调查统计的结果:

总延误 = 观测时间间隔 × 总停车数(s · 辆);

停驶车辆的平均延误 = 总延误 ÷ 总停驶车辆数;

交叉口进口道上每辆车的平均延误 = 总延误 ÷ 进口道总交通量;

停驶车辆百分率 = (停驶车辆总数 ÷ 进口道总交通量) ×100%;

停驶车辆百分率的估计误差 $= \sqrt{\dfrac{(1-p)\chi^2}{pN}}$。

点样本法中每个样本之间都是相互独立的,单个样本的遗失或错误对最终的延误结果几乎没有影响。另外,由于点样本法在选择统计时间间隔时,避免了与交叉口信号周期一致的现象,在整个观测时段所统计的数据,能够给出各种交通条件下有代表性的样本,可以客观地描述交叉口的延误状况。

但是,在使用点样本法的过程中,如果停驶车辆百分率很高(如 90% 以上),点样本法实施起来就会非常困难。因为当进口道上排队车辆很多时,在 15s 的间隔时间内统计出进口道上所有经停的车辆数几乎是一件不可能的事情。如果进口道为具有左、右转专用车道的多车道,此时应用点样本法则需要增加许多观测人员。对于这种多车道的情况,无论分车道观测与否,统计停驶车与不停驶车的过程都是很困难的。

2)牌照法

牌照法通过记录部分或者全部车辆的车型、牌照号码和带有标记的进口道两端的时刻,得到车辆通过进口道的实际所用时间,利用该实际时间减去车辆通过进口道两端的自由行驶时间,即为车辆的进口道延误,属于行程时间法的一种。车辆通过进口道的自由行驶时间,可以通过调查法获得,也可以根据车辆通过进口道的自由行驶速度和标记的进口道两端长度间接计算得到。对于同一段进口道,若调查目的是检验交叉口实施某控制策略前后的效果,则可以直接用实施前车辆通过进口道的时间减去实施后的时间即为控制策略的实施带来的进口道延误的降低值。

牌照法观测时,通常将交叉口进口道的停车线作为出口断面,标记为“断面 2”,入口“断面1”位于引道上游,“断面1”与“断面2”之间的距离要大于进口道延误段的长度。实际观测过程中,应根据进口道以往的最大排队长度来确定“断面1”的位置。“断面1”“断面2”之间的距离一般为80~200m。在调查过程中如果出现车辆排队超过“断面1”位置的情况,要及时调整,并分开处理调整前后的数据。

调查时,2人站在“断面1”的路侧,1人持对讲机负责抽样,并将被抽样车辆的车型、牌照号码后3位通知“断面2”的观测人员,另外1人同时记录样本车辆通过“断面1”的时刻,记录表如表2-2所示。其余3~4人均站在“断面2”的路侧,当抽样车经过“断面2”时,记录其通过时刻。如果还需要研究不同流向车辆的进口道延误,记录人员还要记下车辆通过停车线后的去向。

牌照法调查交叉口延误现场记录表 表2-2

交叉口________ 引道________ 调查段长度________
日　期________ 天气________ 观　测　员________

序号	车型	车号	通过断面1的时刻(min:s)	通过断面2的时刻(min:s)	流向	通过调查段的时间(s)

使用牌照法调查交叉口延误,同样需要足够样本量来保证调查精度。至于需要统计的最小车辆数,可按下式确定:

$$N = \frac{Z^2\sigma^2}{E^2} \tag{2-3}$$

式中:Z——所要求置信度下的Z值,按表2-3查用,一般采用的置信度为95%,对应的$Z=1.96$;

σ——引道的自由行驶时间的标准差,单位为s,通常取$\sigma=10\sim20$s;

E——引道的自由行驶时间的容许误差,单位为s,允许误差越小,所需样本量越大,根据以往经验,通常取2~5s。

一定置信度下的Z值 表2-3

Z　值	置信度(%)	Z　值	置信度(%)
1.00	68.3	2.00	95.5
1.50	86.6	2.50	98.8
1.64	90.0	2.85	99.0
1.96	95.0	3.00	99.7

牌照法调查进口道延误，原理简单，记录员的人数可以根据需要适当调整，机动性强。利用牌照法可以得到进口道延误的分布规律以及各流向车辆的延误值，且精度较高，但是牌照法不能得到车辆的停车延误以及停车率等参数。另外，牌照法观测员分别位于两个断面，会有计时误差、观测误差，需要专门的无线电对讲机。采用牌照法获取进口道延误，还需要调查车辆在引道的自由行驶时间，增加了调查的工作量。

3）视频提取方法

由于视频的直观性以及包含大量的可挖掘信息，随着图像处理技术的发展，视频检测技术在交通领域的应用逐步得到了许多学者的关注。以冉启武等的研究为例，该研究组使用视频技术得到交叉口的瞬时停车延误。该方法利用航空影法的原理，通过自动识别视频录像每一帧中交叉口前停止的车辆数，计算每一帧交叉口前停驶车辆的瞬时停车延误，然后累计所有帧的瞬时停车延误即得到观测时段车辆瞬时停车延误的总量。与传统的点样本法的考虑出发点类似。

按照上述定义，在任意一个时刻 t，每辆车均存在瞬时停车延误 $D_i(t)$（可能为 0）。若车辆处于运行中，则 $D_i(t)=0$；若车辆处于停止中，则 $D_i(t)=1$。

故在时间间隔 T 内，该区域产生的瞬时停车延误总量为

$$D_{\Sigma}(T)=\sum_{i=1}^{n}D_i(t) \tag{2-4}$$

式中：n——在该时间间隔内的车辆数。

该方法研究中的难点之一在于如何判断车辆是否处于停止状态。M. SAITO 等给出了差距法、运动法和人工判断法。差距法主要通过将道路背景设置为黑色，如果两车辆间的距离维持 5 个像素或小于 5 个像素的差距，则认为车辆停止。运动法对每辆在分析范围内的车辆赋予特定的颜色，并记录车辆在扫描线的位置，以此判定车辆的停止或运动。人工判别法即使用手动的方法进行判别。该研究方法获取的车辆延误值为停车延误值，不能直接得到车辆在交叉口的进口道延误值，且参数获取的精度有待进一步验证。

2.2.2　理论解析法

理论解析法是较早的一种方法，它通过检测器直接获取流量等参数，结合交叉口的信号配时方案，考虑车辆的到达及离开情况，使用数学建模的方法建立模型得到交叉口的延误数值。理论解析法一般为基于定数理论或者基于车辆动力学理论推导得到延误模型。经典延误参数提取模型如 F. V. Webster、A. J. MILLER、HCM2000 等。

近年来，刘广萍、蒋贤才、邵长桥、李凤、浦琪、李春艳等分别在 Webster 延误模型的推导基础上给出了不同饱和度情况下的参数提取模型；徐建闽等分析了不同转向车辆的延误获取情况；李锐等基于等效流率对 Webster 延误模型进行了修正；Cheng DingXin 等基于 HCM2000 对 Webster 延误模型进行了校正；张惠玲等在项目研究前期以理论解析为基础，结合视频监控环境下所能提取到的有限参数，对饱和度低于 1.2 时交叉口的延误参数提取模型进行了初步分析。

针对车辆动力学理论，Cai Qing、Cheng DingXin、S. TOLAMI、O. UNAL、M. CETIN、Yi Ping 等分别在实时浮动车等单辆车辆信息加入后，使用动力学原理分析得到了信号交叉口的延误。

张惠玲等以一个周期为分析时长验证过各类模型提取的参数精度,得到这几个模型提取的精度均在70%左右,而一般对于该模型的使用分析时长为15min。此外,由于模型推导过程中设定的边界条件不同,推导的方法及过程不同,具体的使用结果也有所差异,经过验证,Webster方法在饱和度较低的情况下参数提取的精度较高,但饱和度超过0.85时参数提取的误差显著增加;Miller模型在饱和度低于1的情况下,参数提取精度较高;Akcelik和HCM2000在各种饱和度状况下均可以使用,但模型中涉及的参数较多,在具体使用的时候较为复杂,且在饱和度较低的情况下,参数提取的精度较Webster和Miller模型低。各种模型的应用情况总结如表2-4所示。

各种经典延误模型特点分析 表2-4

模型	特点	不足
Webster	饱和度在0.8以下时应用效果较好	饱和度高于0.8时误差显著增大
Miller	饱和度在0.95以下应用效果较好	饱和度超过1时模型不能应用
HCM2000	能够应用于正常和饱和交通状况,且考虑了上下游交叉口的影响,控制类型可以是定时或者感应控制	模型参数分析较复杂,在低饱和度情况下应用效果不理想
Akcelik	能够应用于正常和过饱和交通状况	没有考虑控制类型和上下游影响

2.2.3 仿真法

仿真法主要借助微观交通仿真软件建立相应的模型,进而提取交叉口的相关参数。仿真法可以得到包括车辆行驶轨迹、车辆在交叉口的延误等较细致的各类参数值。该方法可以较为便利的验证各种交通场景以及不同渠化方式下参数提取的情况。马万经等通过标定后建立的仿真模型获取了交叉口的延误值;T. R. FORBUSH等利用仿真法分析了不同流量以及不同渠化状况下使用数据组的方法获取延误参数的情况。

2.2.4 各种方法综合分析

现场调查的点样本法和牌照法存在人工耗费大、可持续性不高等缺陷。GPS定位和蓝牙技术设备的检测精度对参数提取的精度影响较大,终端传输至控制中心的数据中残缺数据和冗余数据较多,数据的预处理要求较高。使用视频获取交叉口的延误参数能够自动提取实时的车辆延误值,但参数提取过程中对于摄像机的设置条件较高,在现实中较难实现。另外,外界光照等条件对参数提取的精度影响较大,仿真法模型与真实情况逼近程度对参数提取的精度影响较大,而目前的仿真软件虽然通过各种方式尽量接近真实交通场景,但仿真建模只是在统计意义上证明能够应用于一些交通状况,在具体的时间点和具体的路段上无法做到与真实交通情况完全一致,故参数的提取也无法做到与真实的情况较好地吻合。理论解析法,由于没有实时单辆车辆信息在模型中得到体现,模型精度较低。张惠玲等在前期研究初步验证了传统延误模型的精度,结果表明,各类模型获取的参数精度均在70%左右。P. WAGNER等也对Webster的延误参数使用精度进行了分析,结果表明部分误差在4%~40%。另外,理论解析法中没有实时的车辆行驶实时信息加入,而该信息体现了各周期车辆行驶的差异性。

各种延误获取方法的特点分析如表2-5所示。

各种延误获取方法分析　　表 2-5

方　法		优　点	不　足
现场调查法	点样本	方法比较成熟,可以全样本检测	停车率高时,适用性无法保障
	牌照法	方法成熟,可以得到交叉口控制延误	抽样检测、耗费人力、可持续性不高
	浮动车法（包括蓝牙）	可持续性好,设备安装要求不高	精度受定位限制,冗余数据较多
	视频检测法	检测器设置灵活,参数核实直观	摄像头设置要求较高,参数提取受外界影响较严重
仿真法		获取的数据较细致、全面	模型标定需要大量实测数据
理论解析法		参数提取方便,可持续性强	缺乏实时参数,模型精度较低

2.3　本章小结

本章首先介绍了山地城市交通特征研究现状,并对此研究现状进行了介绍;随后介绍了现场调查法、理论解析法和仿真法 3 种目前主要的延误获取方式,并对各种延误获取方法的优点与不足进行了对比和分析;最后对常用的方法进行了归纳总结。

第3章 山地城市车辆运行分析

针对山地城市特征，不同的转弯曲线及不同的坡度下，车辆的运行速度将表现出不同的特征。本章主要对不同曲线半径及不同坡度下的车辆运行展开较细致的分析。

3.1 不同曲线半径的车辆速度提取

3.1.1 试验目的

试验目的是获取在山地城市道路中的实测小客车车速数据。研究目标主要是对山地城市道路中弯道及坡道路段的小客车车速的连续变化特性进行分析，研究弯道半径、弯道长度以及车辆在进入弯道时的初速度等因素对弯道路段车速的影响，或坡道坡度、坡道长度及进入坡道时的初速度等因素对坡道路段小客车车速的影响，并建立山地城市弯道及坡道路段的小客车车速的预测模型。

3.1.2 试验内容

基于试验的思路及目的，明确本次试验内容如下：

(1)试验人员对选定的城市道路进行实地考察，确认试验路段的道路线形条件和行车环境，确定车速调查的测速点。

(2)通过对车辆行驶过程中的道路环境状态的观察，判断车辆是否在自由流的状态下行驶，车辆行驶过程中是否受限速标志、测速设施等因素的干扰。

(3)使用GPS设备记录小客车在城市道路的行驶速度，用于分析车速的变化规律以及道路线形指标对车速的影响。

3.1.3 试验方案

1)试验路段

本研究是在理想的道路条件下，小客车只受弯道路段线形影响的运行速度规律。因此选择的试验路段为重庆市区内的弯道半径、长度都不同的弯道路段和坡度、坡道长度都不同的坡道路段，且此路段受红绿灯和其他车辆的影响较小。研究表明，车辆在通过圆曲线半径较大路段时的车速一般大于通过圆曲线半径较小路段时的车速，而当半径大于1400m时，车速受到的影响会变得很小。因此选取的城市路段的弯道半径应小于1400m。当汽车在纵坡上行驶处于减速状态时，纵坡越陡，运行速度降得越快，反之则越慢；纵坡越长，运行速度降得越快，反之运行速度降得越慢。

2)试验设备

采用 GPS 设备、摄像机等进行跟车试验。整个试验过程中,试验人员都在车辆中通过操作仪器采集试验数据,这种方法较易实现,同时试验过程也相对安全。采用的 GPS 设备是多功能轨迹记录器,用其记录车辆在行驶过程中的车速、位置等信息,该设备能够记录试验车辆每秒的行驶速度信息。

3)试验车辆

由于小客车在城市道路中占比例较大,本项目选取小客车作为试验车辆,即 7 座及 7 座以下的车辆。

4)调查时间

因数据调查时间的选择将直接影响着调查结果的准确性,为得到正常的交通流状况,调查时间一般选择在除法定及特殊节假日之外的白天时段。根据重庆市城市道路的实际情况,将调查时间安排在工作日的早上 9:00 ~ 11:30 或下午 2:00 ~ 5:00。

5)试验过程

(1)试验人员对选定的城市道路进行实地考察,确认试验路段的道路线形条件和行车环境,进而完善试验方案。进行试验前的准备,包括对摄像机、GPS 设备进行时间校准、调试、充电等。

(2)将 GPS 设备安装在副驾驶座上以便操作,通过 GPS 设备记录车辆的行驶轨迹、速度、位置等信息。结合手机记录各个时间节点,并记录对应的内容,用于后续数据的处理。

(3)整理并录入采集到的试验数据。

3.1.4　试验数据的采集

实测车速能够真实地反映车辆在公路上行驶的实际情况,基于实测车速建立的预测模型能够较好地符合实际车速,因此本项目将结合实测车速对山地城市中弯道及坡道路段汽车车速的连续变化特性进行分析研究。

本章将结合项目的研究目的以及研究内容制定车速采集的试验方案,选定试验设备、试验人员以及试验地点,采集在良好的交通条件(自由流状态,不受测速设备等环境因素的干扰)和气候条件下,车速主要受道路线形因素影响的情况下,山地城市道路中弯道及坡道路段的汽车车速。

3.1.5　试验数据的处理

本项目主要研究道路线形因素对车速的影响,为减少环境条件、管理条件等因素对车速的影响,保证车速主要受道路线形因素的影响作用,需结合记录的视频信息,选取车辆在自由流环境下,且不受限速标志、测速设施等因素干扰的实测车速信息。同时,GPS 设备采集的数据信息存在一定的误差,需要通过进一步处理来减少误差,提高数据信息的可靠性。

1)视频数据处理

试验通过摄像机采集了车辆在行驶过程中的道路环境视频信息,根据视频可以判断车辆所处的行车环境是否处于自由流状态,是否受限速标志牌影响,是否出现突发事故等,图 3-1为视频数据的示例图。

图 3-1　视频数据的示例图

目前自由流的判定标准一般用车头时距来确定,判定标准为:当相邻行驶车辆的车头时距大于或等于某一阈值时,车辆的行驶不受路段上其他行驶车辆的干扰。车头时距与车辆第 85% 位实测车速的有较强的相关性,随着车头时距的增大,车辆第 85% 位实测车速的波动性逐渐减小,直到车头时距增大到 5 ~ 6s 时,小客车第 85% 位实测车速达到了一个较为稳定的数值,此时小汽车可以近似认为不受其他车辆的干扰,即小汽车的运行速度处于自由流。但在弯道路段,驾驶员的行车视野不佳,如果设备能够捕捉到其他车辆,则说明该车辆与试验车辆的车头时距比较小,因此可以认为在弯道路段,设备能够捕捉到的其他车辆基本都会对驾驶员的驾驶行为产生一定影响。综上,可根据记录的视频信息中试验车辆前是否出现其他车辆,判断试验车辆是否处于自由流状态的行车环境。

2) GPS 数据处理

(1) GPS 轨迹的生成

将采集的 GPS 数据导入 Google Earth 软件中,生成车辆行驶的轨迹图,为后续数据的进一步处理提供判断依据。图 3-2 为某次试验的轨迹图。

图 3-2　GPS 轨迹图

(2) GPS 数据的缺失

在城市道路中,部分路段存在卫星信号微弱的情况,尤其是在隧道及周边建筑较为密集时,使得 GPS 设备无法准确地对车辆进行定位。当卫星信号微弱导致定位失败时,对应时段的 GPS 输出信息就会缺失,这可在输出的 EXCEL 数据中发现异常,在生成的轨迹图中亦可发现异常,如图 3-3 所示。

图 3-3　GPS 数据缺失生成的轨迹图

由于卫星信号微弱导致的数据缺失会给试验数据带来误差,为了确保试验数据的可靠性,有必要对这部分数据进行修正。对已经收集到的 GPS 数据的观察,可以看出城市道路中数据缺失的情况并不严重,仅存在缺失 1 或 2 点的情况,如图 3-4 所示。

图 3-4　少量点缺失生成的轨迹图

本项目针对缺失数据的修正原则是:当缺失的值较多时,如图 3-3 所示,认为该段数据无效予以舍弃。而当缺失的值不多时,如图 3-4 所示,本项目设定为 2 个点以内可以根据缺失点前后的车速进行修正。

①缺失 1 个点时,缺失点车速的修正方法为

$$v' = \frac{v_{前} + v_{后}}{2} \tag{3-1}$$

式中:v'——缺失点的车速,km/h;

$v_{前}$——缺失点前一个点的车速,km/h;

$v_{后}$——缺失点后一个点的车速,km/h。

②缺失 2 个点时,缺失点车速的修正方法为

$$\bar{v} = \frac{v_{前} + v_{后}}{2} \tag{3-2}$$

$$v'_1 = \frac{v_{前} + \bar{v}}{2} \tag{3-3}$$

$$v'_2 = \frac{\bar{v} + v_{后}}{2} \tag{3-4}$$

式中：v'_1——第一个缺失点的车速，km/h；

v'_2——第二个缺失点的车速，km/h。

(3) GPS 数据的平滑

数据采集系统中采集到的数据往往叠加有噪声。噪声分为 2 种，一类为周期性的，一类为不规则的。前者代表为50Hz 的工频干扰，后者代表为随机信号。试验利用 GPS 设备对车速信息进行了采集，采集到的车速数据存在一些离散的随机信号。这些随机信号包括接收机误差、电离层折射误差、卫星星历误差等。此外，试验过程车辆的振动也会对试验数据产生一定的噪声干扰。因此，为减少噪声影响，提高试验数据的可靠性，有必要对 GPS 设备输出的原始数据进行平滑处理。

由于随机信号的存在，随机信号绘成的曲线多呈折线状，这就表明采样数据中高频成分比较丰富。为了消除或减弱干扰的影响，提高曲线光滑度，需对采样数据进行平滑处理。常用的平滑处理方法有平均法、样条函数法和五点三次平滑法。平均法相对简单，滤波效果也差。样条函数法利用样条插值逼近采样点的方法来实现平滑，算法多样，效果较好，但是，使用该方法计算相对复杂，平滑幅度控制较差。五点三次平滑法利用多项式最小二乘逼近对采样点实行平滑滤波，算法简单，效果较好。本项目采用五点三次平滑法，原则是既要消除数据中的干扰成分，又要保持原有曲线特性不变。

五点三次平滑法的基本原理是：设 $2n+1$ 个等距节点 X：$X_{-n}, X_{-n+1}, \cdots, X_{-1}, X_0, X_1, \cdots, X_{n-1}, X_n$ 上的采集试验值分别为 $Y_{-n}, Y_{-n+1}, \cdots, Y_{-1}, Y_0, Y_1, \cdots, Y_{n-1}, Y_n$。设 h 为两节点等间距的距离，做交换 $t = \frac{x - x_0}{h}$，则原节点即为 $t_{-n} = -n, t_{-n+1} = -n+1, \cdots, t_{-1} = -1, t_0 = 0, t_1 = 1 \cdots, t_n = n$。

假设用 m 次多项式来拟合得到的试验数据，设拟合多项式为

$$Y(t) = a_0 + a_1 t + a_2 t^2 + \cdots + a_m t^m \tag{3-5}$$

为了使多项式能够更好地平滑试验数据，需找到一组适当的系数 $a_j (j=0,1,\cdots,m)$。将所有的点 (t_i, Y_i) 代入式(3-5)中，则有 $2n+1$ 个等式，由于平滑的曲线不一定通过所有的点，所以等式不全为 0。

根据最小二乘原理确定式(3-5)中的待定系数。对于 $2n+1$ 组数据 (t_i, Y_i)，求其最好的系数 a_j，即求能使误差R_j的平方和为最小值的 a_j 值。

$$\sum_{i=-n}^{n} R_i^{\ 2} = \sum_{i=-n}^{n} \left(\sum_{j=0}^{m} a_j t_i^{\ j} - Y_i \right)^2 = \varphi(a_0, a_1, \cdots, a_m) \tag{3-6}$$

为使 $\varphi(a_0, a_1, \cdots, a_m)$ 达到最小，可得到：

$$\sum_{i=-n}^{n} Y_i t_i^k = \sum_{j=0}^{m} a_j \sum_{i=-n}^{n} t_i^{k+1} (k=0,1,\cdots,m) \tag{3-7}$$

该方程组称为正规方程组。

当 $n=2$(5 个节点),$m=3$ 时,得到

$$\begin{cases} 5a_0 + 10a_2 = Y_{-2} + Y_{-1} + Y_0 + Y_1 + Y_2 \\ 10a_1 + 34a_3 = Y_1 - Y_{-1} + 2(Y_2 - Y_{-2}) \\ 10a_0 + 34a_2 = Y_1 + Y_{-1} + 4(Y_2 + Y_{-2}) \\ 34a_0 + 13a_2 = Y_1 + Y_{-1} + 8(Y_2 - Y_{-2}) \end{cases} \tag{3-8}$$

由式(3-8)解出 a_0, a_1, a_2, a_3,代入式(3-7),令 $t = 0, \pm 1, \pm 2$,得到五点三次平滑公式

$$\begin{cases} \overline{Y}_{-2} = \dfrac{1}{70}(69Y_{-2} + 4Y_{-1} - 6Y_0 + 4Y_1 - Y_2) \\ \overline{Y}_{-1} = \dfrac{1}{35}(2Y_{-2} + 27Y_{-1} + 12Y_0 - 8Y_1 + 2Y_2) \\ \overline{Y}_0 = \dfrac{1}{35}(-3Y_{-2} + 12Y_{-1} + 17Y_0 + 12Y_1 - 3Y_2) \\ \overline{Y}_1 = \dfrac{1}{35}(2Y_{-2} - 8Y_{-1} + 12Y_0 + 27Y_1 + 2Y_2) \\ \overline{Y}_2 = \dfrac{1}{70}(-Y_{-2} + 4Y_{-1} - 6Y_0 + 4Y_1 + 69Y_2) \end{cases} \tag{3-9}$$

式中:$\overline{Y}_i$——Y_i的改进值。

该算法要求节点数 $k \geqslant 5$,当节点个数多于 5 时,为对称起见,除在起始点用式(3-9)的 1、2 式,结束点用 4、5 式,中间各点均用 3 式进行平滑,这就是表示在每个子区间用不同的三次最小二乘多项式进行平滑。

由上述推导可知,对于等距的节点,平滑公式中只用到采集到的试验数据 Y_i,而与节点 X_i 及节点间的距离 h 无关。

本项目利用 MATLAB 编程进行数据的平滑处理,通过对平均法和五点三次平滑法得到的结果进行对比,发现五点三次平滑法得到的平滑效果比较好。图 3-5 描述了原始数据和平滑后的数据,由图 3-5 可知,经过平滑处理后的数据较好地保留了车速大部分的变化特征信息,同时也很好地降低了噪声对数据的干扰,取得了良好的效果。

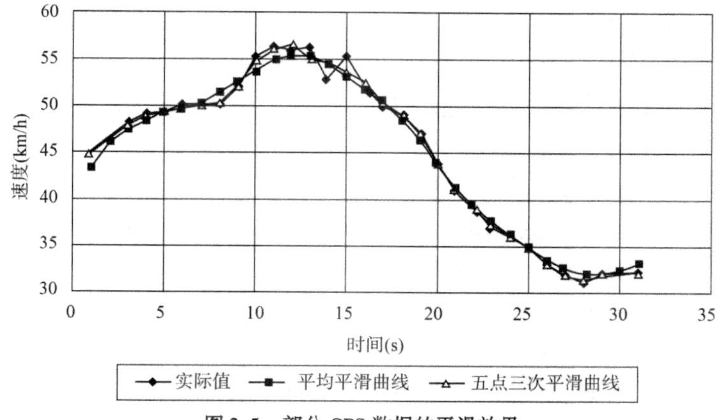

图 3-5　部分 GPS 数据的平滑效果

(4) GPS 数据的筛选

对 GPS 数据进行修正和平滑处理后,须筛选出研究需要的有效数据。

①筛选出弯道路段数据

通过 GPS 数据生成车辆的行驶轨迹图，根据车辆的行驶轨迹图判断车辆所处的路段，筛选出与弯道路段对应的车辆行驶信息，根据上述分析，弯道半径大于 1400m 时，弯道半径对车速的影响很小，因此本项目筛选半径小于 1400m 的弯道路段进行研究，如图 3-6 所示。

图 3-6　弯道路段车辆行驶轨迹图

②删去非自由流状态下的数据

根据行驶过程中的信息，判断车辆是否处于自由流状态的行驶环境，为了去掉除道路线形以外（如与前车的距离、信号灯、超速拍照、交叉口等）的因素对车速的干扰，须将非自由流状态下的弯道路段数据舍弃。

（5）其他参数的计算

①加速度的计算

加速度是速度变化量与发生这一变化所用时间的比值，是描述物体速度变化快慢的物理量，计算公式如下

$$a = \frac{\Delta v}{\Delta t} = \frac{v_{i+1} - v_i}{t_{i+1} - t_i} \tag{3-10}$$

式中：t_i——第 i 时刻对应的时间，s；

v_i——t_i 时刻的速度，m/s；

a ——t_i 时刻的加速度，m/s^2。

②距离的计算

地球是一个近乎标准的椭球体，它的赤道半径为 6378.140km，极半径为 6356.755km，平均半径 6371.004km，即 6371004m。如果我们假设地球是一个完美的球体，那么它的半径就是地球的平均半径，记为 R。设第一点 A 的经纬度为（Lon$A$，Lat$A$），第二点 B 的经纬度为（Lon$B$，Lat$B$），按照 0 度经线的基准，东经取经度的正值（Longitude），西经取经度负值（－Longitude），北纬取 90－纬度值（90－Latitude），南纬取 90＋纬度值（90＋Latitude），则经过上述处理过后的两点被计为（MLon$A$，MLat$A$）和（MLon$B$，MLat$B$）。那么根据三角推导，可以得到计算两点距离的公式如下

$$C = \sin(\mathrm{MLat}A) \times \sin(\mathrm{MLat}B) \times \cos(\mathrm{MLon}A - \mathrm{MLon}B) + \cos(\mathrm{MLat}A) \times \cos(\mathrm{MLat}B) \tag{3-11}$$

$$D = \frac{R \times \mathrm{Arccos}(C) \times \pi}{180} \tag{3-12}$$

式中：R——地球平均半径，m；

D——相邻两点之间的距离，m。

3.2　车速变化规律及影响因素分析

通过数据的处理得到了车辆在自由流环境下，且不受限速标志、测速设施等因素的干扰，车辆在城市道路的行驶速度信息。本项目选取重庆市城市道路作为试验路段，包含多个不同特性的弯道路段和坡度路段，因此通过处理得到的数据能够较好地反映城市道路复杂道路情况下车速变化特性。将依据处理得到的有效数据，对重庆市城市道路的弯道路段及坡道路段小客车车速的连续变化特性进行分析研究，进而得出车速的变化规律，并变化规律对车速的影响因素进行具体分析。

3.2.1　弯道路段车速影响因素分析

本项目选取弯道半径、弯道长度、入弯车速 3 个因素，结合处理得到的有效数据，分别分析各个因素对车速变化特性的影响。同时，为研究某一个因素对车速的影响，在后续的分析过程中会尽量选取其他因素较为相近的试验数据进行对比。

1）弯道半径的影响

通过分析发现，在其他影响因素较为相近的情况下，通常弯道的半径越小，车速的最小值就越小，车速的变化幅度就越大。这主要是由于弯道的半径越小，行车视距就越小，驾驶员的期望车速也会越小，表现出的实际车速也就越小。

如图 3-7 所示，描述了两组弯道半径不同的试验数据的车速变化，其中横坐标的原点为弯道的起点。车辆在半径为 80m 的弯道上行驶时，车速的变化幅度较小，通过弯道中点附近的车速较低，最低车速值达到 26.1km/h；在半径为 233m 的弯道行驶时，车速的变化幅度较大，通过弯道中点附近的车速较高，最低车速值为 33.1km/h。

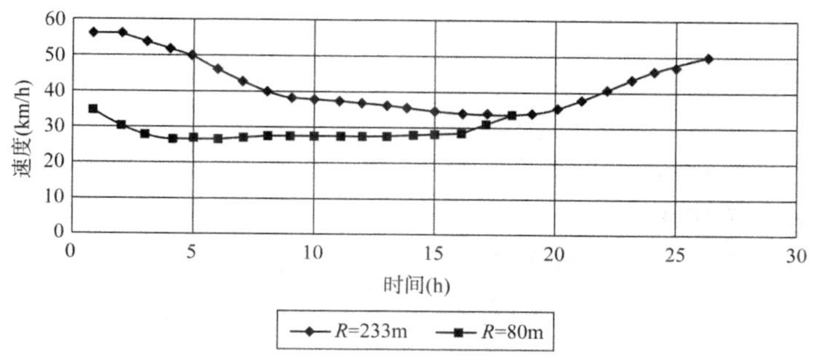

图 3-7　基于行驶时间的车速变化

2）弯道长度的影响

通过分析发现，通常弯道的长度越长，车速的加减速距离就越长，车速的最小值也就越小。图 3-8 描述了 2 组弯道长度不同的试验数据的车速变化，车辆在长度为 472m 的弯道行驶时，减速距离较长，通过弯道中点附近的车速较大，最低车速值为 43.91km/h；在长度为 229m 的弯道行驶时，减速距离较短，通过弯道中点附近的车速较小，最低车速值为16.89km/h。

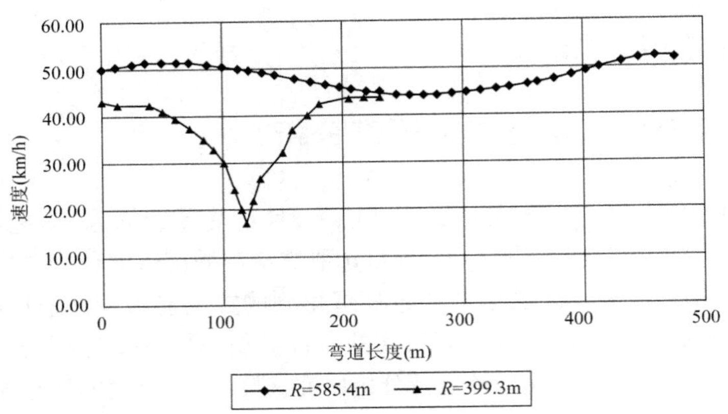

图 3-8　基于行驶距离的车速变化

3) 入弯车速的影响

通过分析发现,入弯车速对弯道前半段的车速影响较为明显。如图 3-9 所示,如果入弯车速明显小于驾驶员期望车速,车辆在弯道前半段会是一个加速的行驶过程;如果入弯车速接近驾驶员期望车速,车辆会以一个平稳的车速通过弯道前半段;如果入弯车速较大,车辆则会减速通过弯道前半段。

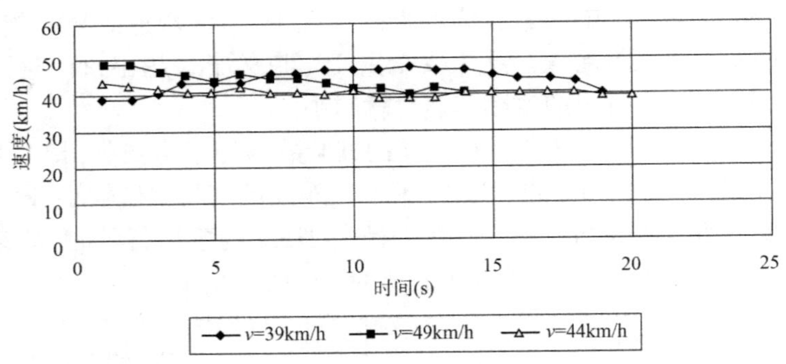

图 3-9　基于行驶时间的车速变化

综上所述,弯道半径、弯道长度、入弯车速都对弯道路段车速的变化有一定的影响。其中,弯道半径对车速变化幅度、车速大小有着较为明显的影响;弯道长度对车速的大小有一定的影响;入弯车速对弯道前半段的车速加减变化有着较为明显的影响。因此,本项目在车速预测模型的建立过程中,将综合考虑这 3 个影响因素对车速的影响,并选取相应的指标。

3.2.2　坡道路段车速影响因素分析

山地城市具有特殊的地理特征,多数道路依地势而建,道路线形组成较复杂,汽车在行驶过程中较为频繁的遇到上下坡和转弯。以“山城”重庆市为例,受长江和嘉陵江分隔,地形复杂,道路曲线多,坡度大,并且经常出现组合坡度,因此山地城市车辆的受力与平原城市自然有所不同。

车辆在道路上行驶时,一般情况下前进方向上会受到发动机牵引力和道路路面摩擦力的共同影响。但是当车辆行驶在有坡度的道路上时,由于道路倾角的存在,车辆还要受到重力分力的影响,上坡时重力分力充当阻力,车辆起动的最大加速度被抵消一部分;下坡时重力分力充当了牵引力,车辆起动的最大加速度被大大提高。上、下坡路段上车辆受力示意如图3-10所示。其中 F_p 为车辆的牵引力,F_g 为车辆自身受到的重力沿道路坡度方向的分力;F_r 为车辆与路面的摩擦力。

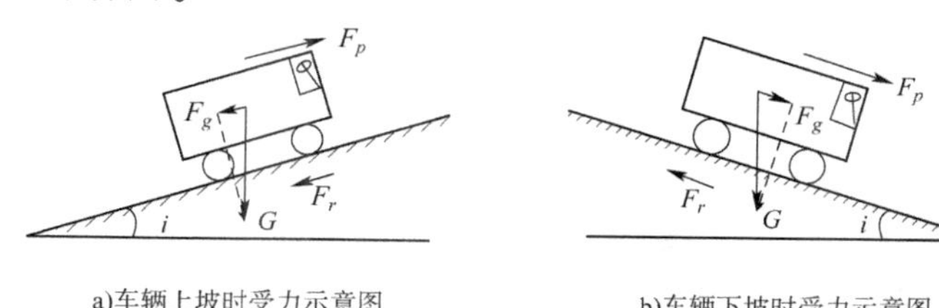

图3-10 车辆在纵坡上行驶时的受力示意图

这些因素将直接影响到车辆行驶速度的变化,进而引起与车辆运行速度相关的其他交通参数的改变。下面将对车辆在山地城市不同道路条件下的行驶速度以及山地城市道路特征下的饱和流量展开较细致地分析,以尽量获取其在不同情况下的运行规律。

1)坡度的影响

小客车在上坡时,有较为明显的减速过程;下坡时为加速过程。加减速幅度受纵坡坡度大小影响,坡度越大,加减速幅度越大。如图3-11所示,上坡时坡度为5.2°的小客车车速从36.04km/h减到最低速32.00km/h用时4s,而坡度为4.8°的小客车车速从42.03km/h减到最低速38.17km/h用时9s,由此可见小客车在上坡时存在减速过程,且坡度越大减速幅度越大。如图3-12所示,小客车在下坡过程中存在加速现象,坡度为-4.9°的小客车车速从33.97km/h加速到48.26km/h,坡度为-4.5°的小客车车速从23.01km/h加速到37.13km/h。

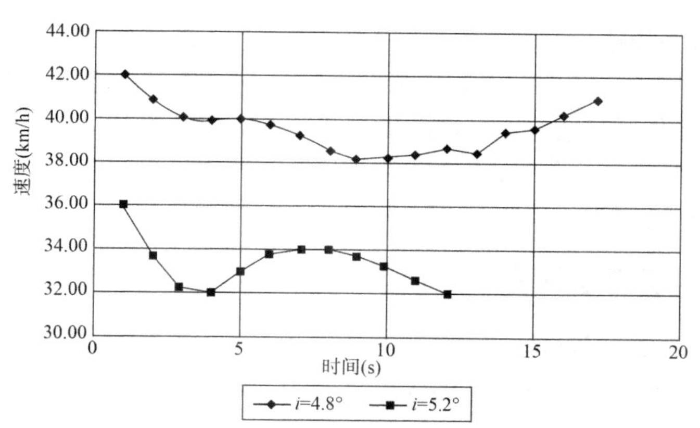

图3-11 上坡时车速变化图

2)坡道长度的影响

如图3-13所示,坡度为4.6°的坡长214m,坡度为4.8°的坡长为168.9m,坡度为4.6°的车速减速幅度明显大于坡度为4.8°的减速幅度,由此可见,加减速幅度受坡道长度影响,坡长越长,加减速幅度越大。

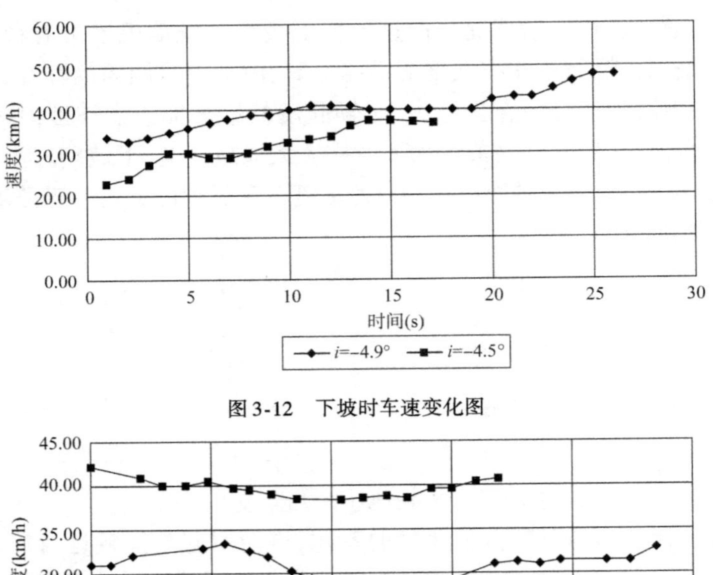

图 3-12　下坡时车速变化图

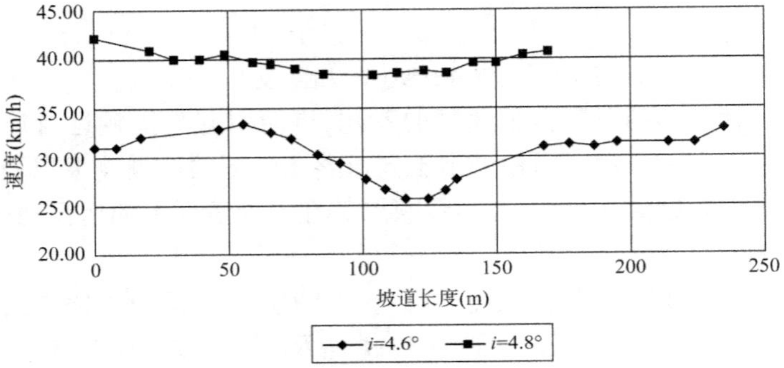

图 3-13　坡道长度对车速的影响

3.3　坡道路段车辆速度特征分析

车辆运行速度是描述车辆运行特征的重要参数之一，对道路通行能力、交通安全、交通控制管理等都有着直接的影响。在城市道路上运行的车辆经常会受到各种复杂环境的影响，其运行速度特征相对于平原地区道路或高速公路有着明显的区别。因此有必要对山地城市车辆运行速度特性进行分析，通过采集及分析山地城市不同道路坡度和弯道半径下的车辆速度分布情况，对车辆速度的运行特征展开研究。

3.3.1　车辆速度提取过程

在城市主城区道路，车辆构成主要有小客车、大型客车（含公交车）和数量较少的中小型货车，一般情况下，早上7:00到晚上9:00为易发生拥堵时段，主城区道路此时段内禁止大货车通行（特种车除外）。因此，本项目的研究中忽略大货车对整体车流速度的影响，并将研究对象分为小型车和大型车两类，分别包括小汽车、小货车和大客车、中型货车。

首先选取具有典型坡度特征的路段。综合各方面的因素，在路段选择时，考虑的主要条件有：

（1）距离大于200m的单向或双向上、下坡路段。

（2）车辆在选定路段上行驶时，假定不受诸如信号灯、行人违章过街等因素影响而阻断车流的情况，且道路上车流几乎处于自由流状态，没有拥堵或塞车现象。

(3)路段一侧的高层建筑物上存在适合架设摄像机的有利位置，方便数据采集。

(4)路段限速 60km/h(符合绝大多数的城市主、次干道的限速要求)。

经过实地观测及筛选，在重庆市南岸区和巴南区进行地点的选定，具体选择时，使用经纬仪测量首次选出路段的纵坡坡度，再次筛选出以下具有不同坡度值的路段，具体为 $i\approx0$ 的无坡度路段，以及 $i\approx\pm2.4\%$、$i\approx\pm3.3\%$、$i\approx\pm4.5\%$、$i\approx\pm5.2\%$ 的路段，这些路段分别位于南岸区四公里立交、学府大道和巴南区江滨路等道路上，所有测速点均在距上游变坡点约 200m 距离处，具体位置与现场调查如图 3-14 所示。

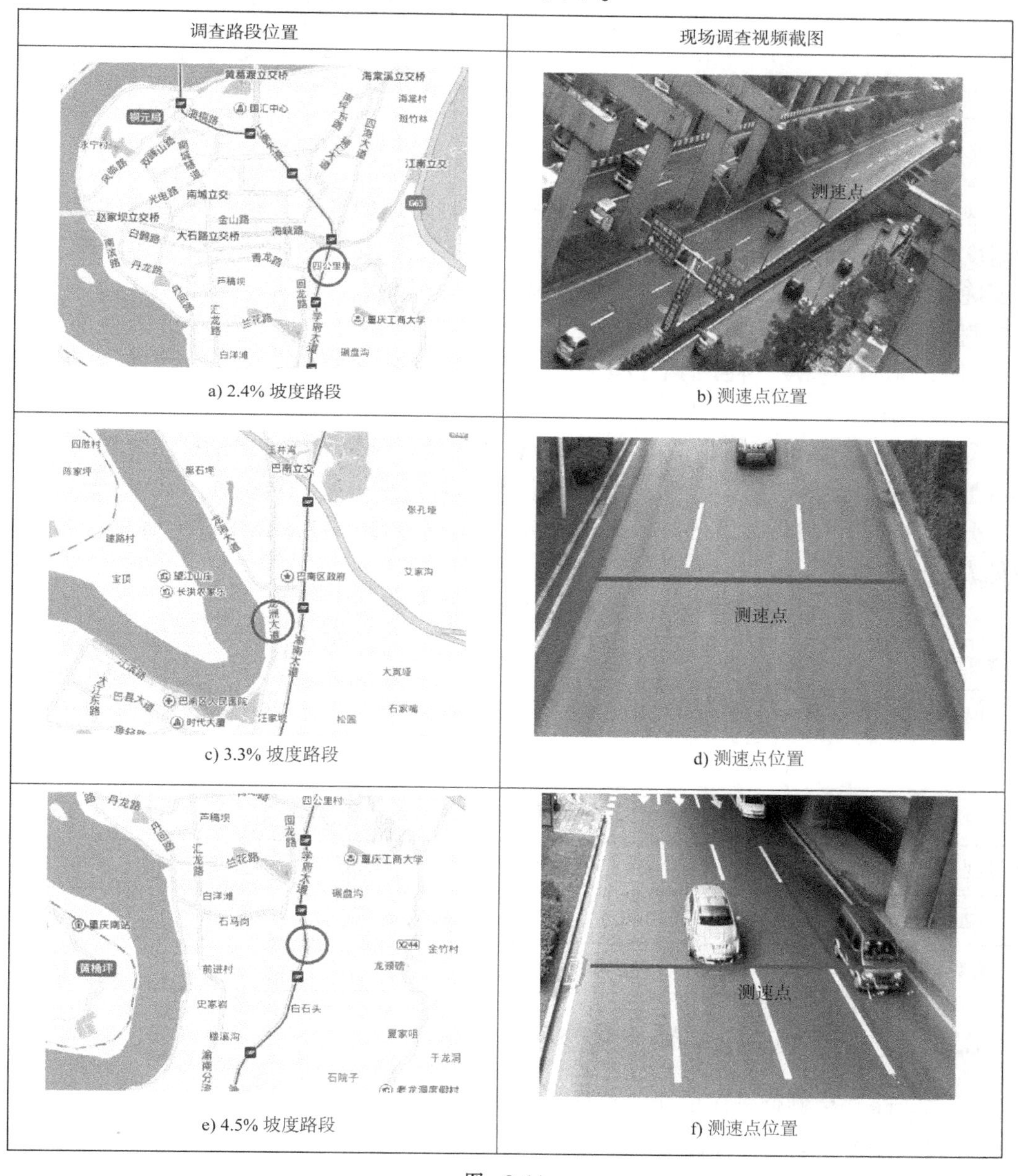

a) 2.4% 坡度路段　b) 测速点位置

c) 3.3% 坡度路段　d) 测速点位置

e) 4.5% 坡度路段　f) 测速点位置

图 3-14

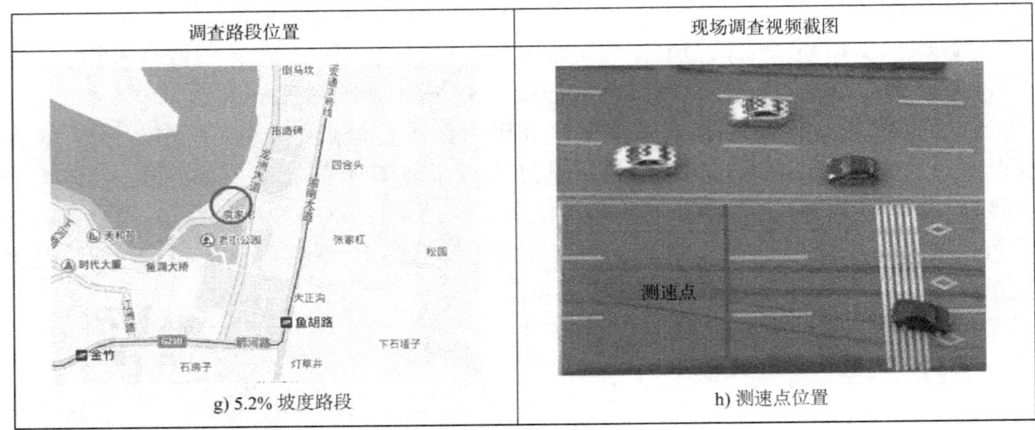

g) 5.2% 坡度路段　　h) 测速点位置

图 3-14　不同坡度路段及观测点位置分布

速度提取过程采用交通工程中常用的测量瞬时车速的方法，即利用短距离内车辆的平均速度代替车辆的瞬时速度。根据本次研究的具体特点，在求平均速度时，“短距离”的参考长度确定为 30m。为保证所得速度能够反映道路上车辆运行的实际规律，从以下 2 个方面来控制精度：

(1)控制时间精度。使用 KMPlayer 播放器播放视频，该播放器可以将时间控制在毫秒级，减小时间误差，提高测量精度。

(2)控制样本量。根据相关参考文献中有关速度调查最小样本量的确定方法，得到最小样本量 $N = 69$。为保证数据的可靠性，这里随机选取视频中大、小型车各 150 辆进行测速。

分别对不同纵坡坡度下的路段拍摄视频，用上述方法测得各观测点车辆运行速度平均值见表 3-1 和表 3-2。

不同车型上坡车辆平均行驶速度统计表(km/h)　　表 3-1

坡度(%)	0	+2.4	+3.3	+4.5	+5.2
小型车	45.91	47.02	46.54	45.43	44.31
大型车	35.14	33.89	32.64	28.10	26.53

不同车型下坡车辆平均行驶速度统计表(km/h)　　表 3-2

坡度(%)	0	-2.4	-3.3	-4.5	-5.2
小型车	45.91	46.48	48.81	54.52	55.73
大型车	35.14	37.43	38.65	42.71	43.82

3.3.2　上下坡路段车辆速度变化规律分析

1)上坡路段车辆行驶速度变化特征

依据表 3-1 的数据，绘制上坡方向大、小型车在不同坡度下的平均行驶速度分布散点图，如图 3-15 所示。

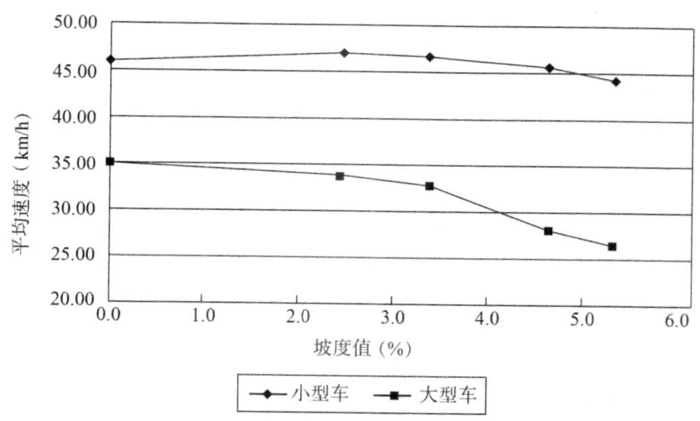

图 3-15 上坡方向大、小型车平均行驶速度分布散点

从图中可以明显看到以下特征：

（1）小型车的平均速度大于大型车的平均速度，其差值在 10～20km/h 之间。随着道路坡度由 0 增加到 +5.2%，小型车速度总体上呈现下降趋势，但是降低值并不大，小型车速度变化为

$$\Delta v_{car}^{up} = 44.31 - 45.91 = -1.6(km/h) \tag{3-13}$$

当道路坡度由 0 增加到 +2.4% 时，小型车速度不但没有降低，反而增加了 1.95km/h，这也许是由驾驶员的心理因素导致。驾驶员看到前方出现上坡路段，为避免车速降低过多一般会采取加速行为，当上坡路段的坡度不是太大时，车辆动能增加量超过了因上坡而增加的势能，故而出现在 +2.4% 这样的小坡度上坡路段，车辆速度不但没有降低反而增加的现象。在道路坡度大于 +2.4% 并逐渐增加的过程中，小型车速度略有降低，大致呈现线性关系。

（2）相对于小型车，大型车的速度降低的趋势更明显。随着道路坡度由 0 增加到 +5.2%，大型车的速度呈线性趋势递减，其总体速度变化为

$$\Delta v_{bus}^{up} = 26.53 - 35.14 = -8.61(km/h) \tag{3-14}$$

大型车的速度变化规律中没有出现与小型车中类似的“反弹”现象，这也说明大型车的动力储备远小于小型车，当道路上出现上坡时（坡度≥2.4%），即使驾驶员采取了加速行为，仍不能完全弥补上坡给大型车造成的速度损失。

2）下坡路段车辆行驶速度变化特征

依据表 3-2 的数据，绘制下坡方向大、小型车在不同坡度下的平均速度分布散点图，如图 3-16 所示。

从该图中同样可以发现以下特征：

（1）小型车的速度仍然大于大型车，其差值基本在 10～15km/h 之间。当道路坡度由 0 变化至 -2.4% 时，小型车速度几乎不变，而当道路坡度由 -2.4% 变化至 -5.2% 时，小型车速度随道路坡度绝对值的增加而呈线性趋势增加，总的速度增加量为

$$\Delta v_{bus}^{down} = 55.73 - 46.48 = 9.25(km/h) \tag{3-15}$$

（2）大型车的速度随坡度变化则相对比较均匀，随着道路坡度由 0 变化至 -5.2%，总体速度变化为

$$\Delta v_{\text{bus}}^{\text{down}} = 43.82 - 35.14 = 8.68(\text{km/h}) \tag{3-16}$$

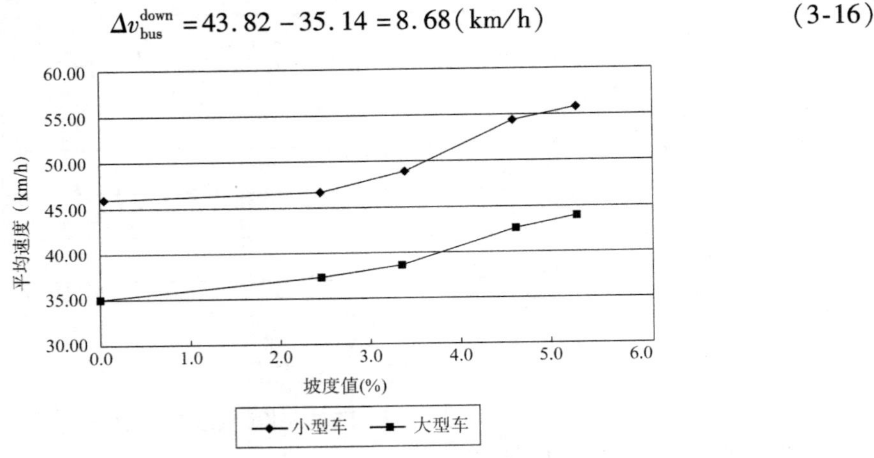

图 3-16　下坡方向大、小型车平均行驶速度分布散点

3.3.3　车辆平均行驶速度预测模型

为给出不同坡度下车辆平均行驶速度预测模型，并使所得模型得以应用到其他道路，则有

$$\Delta v_i^j = v_i^j - v_0^j \tag{3-17}$$

$$\Delta v_i^j = f^j(i) \tag{3-18}$$

式中：i——道路坡度，取值分别为0（即无坡度），±2.4%，±3.3%，±4.5%，±5.2%；

j——车辆类型，小汽车记为car，大型车记为bus；

v_i^j——道路坡度为i时的车辆平均速度值；

v_0^j——道路坡度为0时的车辆平均速度值；

Δv_i^j——车型j在道路坡度为i时的平均速度值与坡度为0时的平均速度值之差；

$f^j(i)$——速度差Δv_i^j随道路坡度i的变化函数。

按照式(3-17)分别计算不同坡度下车辆速度与无坡度下车辆速度的差值，统计在表3-3中，并将这种速度差值随道路坡度的变化规律表现在带折线的散点图中，如图3-17所示。

车辆平均行驶速度差值统计表(km/h)　　表3-3

坡度(%)	+5.2	+4.5	+3.3	+2.4	0	-2.4	-3.3	-4.5	-5.2
小型车	-1.6	-0.48	0.63	1.11	0	0.57	2.9	8.61	9.82
大型车	-8.61	-7.04	-2.5	-1.25	0	2.29	3.51	7.57	8.68

图3-17更能体现道路坡度对车辆运行特性的不同影响。首先，道路坡度对小型车的影响可以分为三个区间，在区间(-5.2%，-2.4%)内，随着道路坡度绝对值的减小，小型车速度呈线性降低，且速度变化率较大；在区间(-2.4%，+2.4%)内，小型车速度几乎不随道路坡度发生变化；在区间(+2.4%，+5.2%)内，随着道路坡度增加，小型车速度呈线性趋势略有增加。其次，道路坡度对于大型车的影响在整个坡度范围(-5.2%，+5.2%)内变化相对比较均匀，在坡度由-5.2%变化至+5.2%的过程中，大型车速度呈线性趋势逐渐降低。

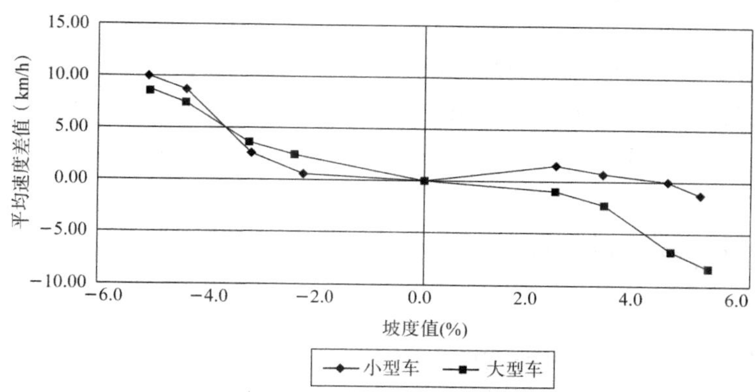

图3-17　上、下坡方向大、小型车平均行驶速度差值分布散点

根据以上分析，下面运用一元线性回归方法给出不同坡度下、不同车型的平均行驶速度差值预测方程（表3-4）。

分车型车辆速度差值预测方程　　表3-4

类型	坡度变化区间	速度差值 Δv_i^j 的预测方程	相关系数
小型车	（−5.2%，−2.4%）	$-3.53i-8.13$	0.977
	（−2.4%，+2.4%）	约等于0	—
	（+2.4%，+5.2%）	$-0.95i+3.58$	0.960
大型车	（−5.2%，+5.2%）	$-1.44i+0.29$	0.942

注：速度差值预测方程中 i 的单位为1%，如某路段坡度为−2.4%，则 $i=-2.4$。

表3-4给出的平均行驶速度差值预测方程，为计算坡度低于5.2%时的车辆速度测算提供了参考。假设一条道路的某一段道路坡度为+3.8%，并且已测得该道路上平坡路段大型车平均速度为35km/h。在表3-4找到对应的平均行驶速度差值预测方程，此时为 $f^{bus}(i)=-1.44i+0.29$，把坡度 $i=3.8$ 代入该方程得 $\Delta v_{3.8}^{bus}=-5.182$km/h，即式(3-19)的计算结果，最后将 $\Delta v_{3.8}^{bus}=-5.182$km/h 以及 $v_0^{bus}=35$km/h 代入式(3-18)，可得该条道路上坡度为+3.8%路段大型车的平均速度 $v_{3.8}^{bus}=29.82$km/h。其他情况下计算方法与此类似。

在使用本书给出的速度预测模型时，需要特别注意一点，若利用方程求得下坡方向（坡度<0）车辆速度大于60km/h时，考虑到城市道路的限速要求，应根据实际情况选用略小于60km/h的速度值，大、小型车均如此。

3.4　弯道模型的建立

车速是道路交通安全的重要评价指标之一，车速预测的研究对于道路行车安全性的评价、道路线形的优化设计以及道路交通的安全管理都有着重要的意义。以往车速预测主要采用回归分析法，但交通系统是一个复杂的不确定性系统，车辆在行驶过程中，车速受诸多因素的综合影响，采用回归分析预测存在一定的局限性。相对于回归分析法，神经网络具有更好的非线性适应能力和容错能力。在车速预测的应用上，已有相关研究表明神经网络的预测效果优于回归分析法，因此本节将采用利用遗传算法优化的BP神经网络方法对汽车车速进行预测研究。

本节运用基于遗传算法的BP神经网络算法建立山区高速公路弯道路段汽车车速预测模型,下面结合遗传算法和BP神经网络的算法原理,对本项目所采用的GA-BP网络结构进行设计,主要包括网络层数的确定、各层神经元的确定、激励函数的选取和训练算法及训练参数的选择。

3.4.1 GA-BP神经网络算法流程

遗传算法优化BP神经网络,包括神经网络结构确定、遗传算法优化和BP神经网络预测3个部分。其中用遗传算法优化BP神经网络的初始权值和阈值,使优化后的BP神经网络能够更好地预测函数输出。遗传算法优化BP神经网络的目的是通过遗传算法得到更好的网络初始权值和阈值,其基本思想是用个体代表网络的初始权值和阈值、个体值初始化的BP神经网络的预测误差作为该个体的适应度值,通过选择、交叉、变异操作寻找最优个体,即最优的BP神经网络初始权值。当网络输出与期望输出的误差达到预先设定的误差收敛水平,迭代停止,得到最优网络权值,对应一个训练好的仿真网络,用该网络对测试样本进行仿真预测,得到预测结果。算法流程如图3-18所示。

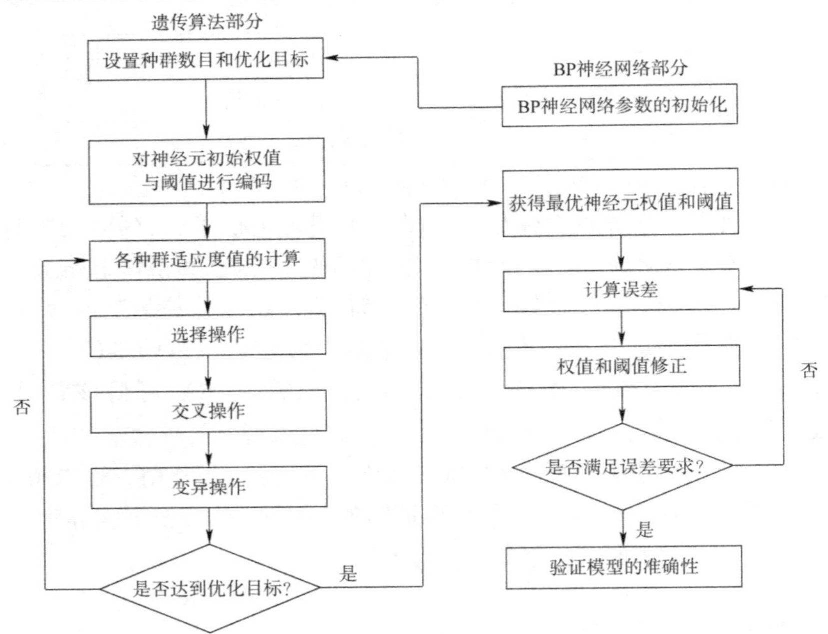

图3-18　GA-BP神经网络算法流程示意图

3.4.2 神经网络层数的确定

BP神经网络模型将样本分为训练样本和测试样本,其中训练样本用于训练得到最优的仿真网络模型,测试样本用于对模型的预测结果进行检验。本项目构建一个3层的神经网络结构,其中输入层、隐含层和输出层均为一层,结构如图3-19所示。

图3-19中,$x_1,x_2,\cdots,x_n$是BP神经网络的输入值,$y_1,y_2,\cdots,y_m$是BP神经网络的预测

值，w_{ij}和 w_{jk}为 BP 神经网络的权值。从图中可以看出，BP 神经网络可以看成一个非线性函数，网络输入值和预测值分别为该函数的自变量和因变量。当输入节点数为 n、输出节点数为 m 时，BP 神经网络就表达了从 n 个自变量到 m 个因变量的函数映射关系。

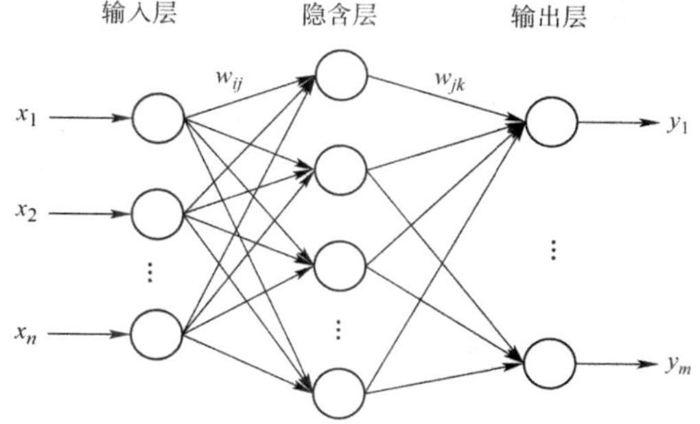

图 3-19　BP 神经网络的结构

3.4.3　各层神经元的确定

1）输入层神经元的确定

输入层神经元的确定包括输入参数以及输入层神经元数目的选择。本项目将所预测车速的前一秒历史车速作为输入层的一个单元；同时由于汽车在弯道路段的总行驶距离与弯道长度相近，因此汽车所处的位置可以通过实时行驶距离与弯道长度的比值来表示，并将其作为输出层的一个单元。本项目主要考虑了弯道半径、弯道长度、入弯速度 3 个参数对在弯道中行驶的小客车的车速的影响，因此将弯道半径、小客车实际行驶距离与弯道长度的比值及预测车速的前一秒历史车速作为输入层的神经元，将每一秒的车速作为输出层的神经元。输入层和输出层指标数据的描述统计如表 3-5 所示。

输 入 神 经 元　　　　表 3-5

变量类型	指标名称	符　号
输入层神经元	弯道半径	x_1
	实际行驶距离与弯道长度的比值	x_2
	前一秒历史车速	x_3

2）隐含层神经元的确定

隐含层神经元数目对 BP 网络性能有着很大的影响，如果隐含层神经元数目太少，那么网络从样本数据中获取的信息就过少，需要增加训练次数，训练的精度也受影响。如果隐含层神经元数目过多，会使得网络结构复杂、训练时间延长，并且容易出现“过拟合”现象，导致网络的容错能力差。而最佳的神经元数目既要保证模型的预测精度，也要使得网络具有一定的泛化能力。最佳隐含层神经元个数选择参考如下

$$l < n - 1 \tag{3-19}$$

$$l < \sqrt{(m + n)} + a \quad a \in [0,10] \tag{3-20}$$

$$l = \log_2 n \tag{3-21}$$

式中：n——输入层神经元个数；

l——隐含层神经元个数；

m——输出层神经元个数。

在实际问题中，隐含层神经元个数的选择首先是根据参考公式来确定节点数的大概范围，然后使用试凑法确定最佳的神经元个数。

3）输出层神经元的确定

本项目针对车速的连续变化过程进行分析预测，即弯道路段每一个时间点的车速的预测。在试验过程中，本项目选用了 GPS 设备进行车速信息的采集，选用的 GPS 设备的接收频率是 1Hz，即试验采集的车速是小客车每秒的车速，将采集的车速作为神经网络的训练样本，进而建立车速的预测模型，因此本项目建立的车速预测模型是对小客车在弯道路段行驶的每一秒的车速进行分析预测。因此输出层的神经元数目为一个，用其表示每一秒的车速。

3.4.4 参数初值的选择

BP 网络的训练参数主要包括学习率、最大训练次数等，这些参数对 BP 网络的训练速度和性能有着重要的影响。

1）学习率

学习率对 BP 网络的学习速度和收敛性有着重要的影响，如果学习率过大，学习的速度会较快，但可能引起震荡或发散；如果学习率过小，收敛性能够得到较好的保证，但学习的速度较慢。在学习率的选择上，通常会选取较小的学习率，从而保证网络的收敛性，本项目将根据实际训练效果做调整。

2）最大训练次数

训练次数的选择会影响 BP 网络的学习效果以及预测能力，如果训练次数过少，BP 网络获取的样本信息太少，学习效果和预测能力较差；如果训练次数太多，会出现学习误差减小而预测误差增大的现象。训练次数的选择没有特定的方法，主要是在实际训练中，结合误差的变化情况来选取最佳的训练次数。

3）目标误差

目标误差是 BP 系统性能的一个衡量标准，通常为了确定合理的目标误差需要通过实际训练来对比分析，神经网络的误差函数主要有标准误差函数、全局误差函数以及均方误差函数 3 种，其中标准误差函数和全局误差函数都有明显的缺点，而均方误差函数较好地克服了前两者的缺点，得到了更为广泛的应用。因此本项目选取均方误差函数来衡量 BP 网络的训练精度，其函数表达式如下

$$E(f;D)_{MES}=\frac{1}{m}\sum_{i=1}^{m}(f(x_i)-y_i)^2 \tag{3-22}$$

式中：D——$D=\{(x_1,y_1),(x_2,y_2),\cdots,(x_i,y_i)\}$；

y_i——x_i 的真实值；

m——样本数据量；

$f(x)$——预测值。

本项目应用 MATLAB 软件实现 GA-BP 神经网络模型的训练，在训练过程中，可根据训

练效果对 GA-BP 神经网络的隐含层神经元个数、种群最大迭代次数、种群规模、交叉概率、变异概率、BP 神经网络最大迭代次数、学习率及训练的目标误差进行确认。其他未明确说明的参数统一采用 MATLAB 工具函数的默认值。具体数值如表 3-6 所示。

参数数值的设置　　表 3-6

参　数	函数表示	设　置
隐含层神经元个数	*hiddennum*	7
种群最大迭代次数	*maxgen*	50
种群规模	*sizepop*	10
交叉概率	*pcross*	0.4
变异概率	*pmutation*	0.2
BP 神经网络最大迭代次数	*net. trainParam. epochs*	100
学习率	*net. trainParam. Ir*	0.1
训练的目标误差	*net. trainParam. goal*	0.00001
其他	—	默认值

3.4.5　模型的编程实现

目前，MATLAB 神经网络工具箱是应用最为广泛的神经网络软件包之一，因此本项目将采用 MATLAB 软件辅助设计 GA-BP 神经网络模型，在 MATLAB 软件中的 GA-BP 神经网络建模过程的详细描述：

①读取前面步骤中保存的数据 *data*。

②对数据进行归一化处理。

③设置隐含层数目。

④初始化进化次数，种群规模，交叉概率，变异概率。

⑤对种群进行实数编码，并将预测数据与期望数据之间的误差作为适应度函数。

⑥循环进行选择、交叉、变异、计算适应度操作，直到达到进化次数，得到最优的初始权值和阈值。

⑦将得到最优的初始权值和阈值来构建 BP 神经网络。

⑧使用训练数据 *input_train* 训练 BP 神经网络 *net*。

⑨用测试数据 *input_test* 测试神经网络，并将预测的数据反归一化处理。

⑩分析预测数据与期望数据之间的误差。

1）数据归一化的方法

数据归一化方法是神经网络预测前对数据常做的一种处理方法。数据归一化处理就是把样本数据转化成为[0,1]之间的数据，归一化的目的就是取消各维数据间数量级差别，避免因为输入输出数据数量级差别较大而造成网络预测误差较大，同时也可以加快神经网络的收敛速度，减少训练时间。数据归一化的方法主要有以下两种：

（1）最大最小法

计算方式为

$$x'_k = (x_k - x_{\min})/(x_{\max} - x_{\min}) \tag{3-23}$$

式中：$x_{\min}$——数据序列中的最小值；

x_{max}——数据序列中的最大值。

(2)平均数方差法

计算方式为

$$x'_k = (x_k - x_{mean})/x_{var} \tag{3-24}$$

式中:x_{mean}——数据序列的均值;

x_{var}——数据的方差。

本项目采用的是最大最小法进行数据归一化处理,归一化函数采用 MATLAB 自带函数 *mapminmax*,训练数据的归一化的程序如下:

$$\begin{aligned} [inputn, inputps] &= mapminmax(input\_train) \\ [outputn, outputps] &= mapminmax(output\_train) \end{aligned} \tag{3-25}$$

式中:*input_train*、*output_train*——训练的输入、输出原始数据;

inputn、*outputn*——归一化后的输入、输出数据;

inputps、*outputps*——数据归一化后得到的结构体,包括数据最大值、最小值和平均值等。

将训练数据得到的结构体 *inputps*、*outputps* 用于测试数据的归一化和反归一化。测试数据的归一化和反归一化的程序如下:

$$\begin{aligned} inputn\_test &= mapminmax('apply', input\_test, inputps) \\ BPoutput &= mapminmax('reverse', an, outputps) \end{aligned} \tag{3-26}$$

式中:*input_test*——预测输入数据;

inputn_test——归一化后的预测输入数据;

'*apply*'——表示根据 *inputps* 的值对 *input_test* 进行归一化;

an——网络预测结果;

BPoutput——反归一化后的网络预测输出;

'*reverse*'——表示根据 *outputps* 的值进行反归一化处理。

2)遗传算法的主要函数

在 MATLAB 软件中编程实现基于遗传算法优化的 BP 神经网络的预测方法,关于预测算法的主要函数包括适应度函数、选择操作函数、交叉操作函数、变异操作函数。遗传算法参数设置为:

maxgen:迭代次数;

sizepop:种群规模;

pcross:交叉概率;

pmutation:变异概率。

(1)适应度函数

适应度函数用训练数据训练 BP 神经网络,并且把训练数据预测误差作为个体适应度值。

$$function\ error = fun(x, inputnum, hiddennum, outputnum, net, inputn, outputn) \tag{3-27}$$

式中:x——输入个体;

inputnum——输入层节点数;

hiddennum ——隐含层节点数；

outputnum ——输出层节点数；

net ——输入网络；

inputn ——训练输入数据；

outputn ——训练输出数据；

error ——个体适应度值。

(2)选择操作

选择操作采用轮盘赌法从种群中寻找适应度好的个体组成新种群。

$$function\ ret = Select(individuals, sizepop) \tag{3-28}$$

式中：*individuals* ——种群信息；

sizepop ——种群规模；

ret ——选择后的新种群。

(3)交叉操作

交叉操作从种群中选择两个个体，按一定的概率交叉得到新个体。

$$function\ ret = Cross(pcross, lenchrom, chrom, sizepop) \tag{3-29}$$

式中：*pcross* ——交叉概率；

lenchrom ——个体长度；

chrom ——种群个体；

sizepop ——种群规模；

ret ——交叉后的新种群。

(4)变异操作

变异操作从种群中随机选择一个个体，按一定概率变异得到新个体。

$$function\ ret = Mutation(pmutation, lenchrom, chrom, sizepop, num, maxgen, bound) \tag{3-30}$$

式中：*pmutation* ——变异概率；

lenchrom ——个体长度；

chrom ——种群个体；

sizepop ——种群规模；

num ——当前迭代次数；

maxgen ——最大迭代次数；

bound ——个体上界和下界；

ret ——交叉后的新种群。

3)BP 神经网络的函数

BP 神经网络的建立主要用到 MATLAB 软件的神经网络的工具箱中的 *newff*，*sim* 和 *train* 3 个神经网络函数。

对 BP 神经网络的参数进行配置，网络参数的函数表示如下：

net. trainParam. epochs ：最大迭代次数；

net. trainParam. Ir ：学习率；

net. trainParam. goal：神经网络训练的目标误差。

(1)*newff*：BP 神经网络函数参数设置函数

$$net = newff(P, T, S, TF, BTF, BLF, PF, IPF, OPF, DDF) \tag{3-31}$$

式中：*P*——输入数据矩阵；

T——输出数据矩阵；

S——隐含层节点数；

TF——节点传递函数，包括硬限幅传递函数 *hardlim*、对称硬限幅传递函数 *hardlims*、线性传递函数 *purelin*、正切 *S* 型传递函数 *tansig*、对数 *S* 型传递函数 *logsig*；

BTF——训练函数，包括梯度下降 BP 算法训练函数 *traingd*、动量反传的梯度下降 BP 算法训练函数 *traingdm*、动态自适应学习率的梯度下降 BP 算法训练函数 *traingda*、动量反传和动态自适应学习率的梯度下降 BP 算法训练函数 *traingdx*、*Levenberg_Marquardt* 的 BP 算法训练函数 *trainlm*；

BLF——网络学习函数，包括 BP 学习规则 *learngd*、带动量项的 BP 学习规则 *learngdm*；

PF——性能风险函数，包括均值绝对误差性能分析函数 *mae*、均方差性能分析函数 *mse*；

IPF——输入处理函数；

OPF——输出处理函数；

DDF——验证数据划分函数。

(2)*train*：BP 神经网络训练函数

$$[net, tr] = train(NET, X, T, Pi, Ai) \tag{3-32}$$

式中：*net*——训练好的网络；

tr——训练过程记录；

NET——待训练的网络；

X——输入数据矩阵；

T——输出数据矩阵；

Pi——初始化输入层条件；

Ai——初始化输出层条件。

一般在使用过程中设置前面的 3 个参数，后面 2 个参数采用系统默认参数。

(3)*sim*：BP 神经网络预测函数

$$y = sim(net, x) \tag{3-33}$$

式中：*y*——网络预测数据；

net——训练好的网络；

x——输入数据。

最后把遗传算法得到的最优个体赋值给 BP 神经网络，用于该网络来拟合非线性函数。

4)实例的计算与分析

本项目结合重庆市城市道路的实测车速，对运用基于遗传算法优化的 BP 神经网络(即 GA-BP 神经网络)建立的城市道路弯道路段小客车车速预测模型进行验证分析。

GA-BP 神经网络的结构如图 3-20 所示。

部分预测结果如图 3-21 ~ 图 3-23 所示。

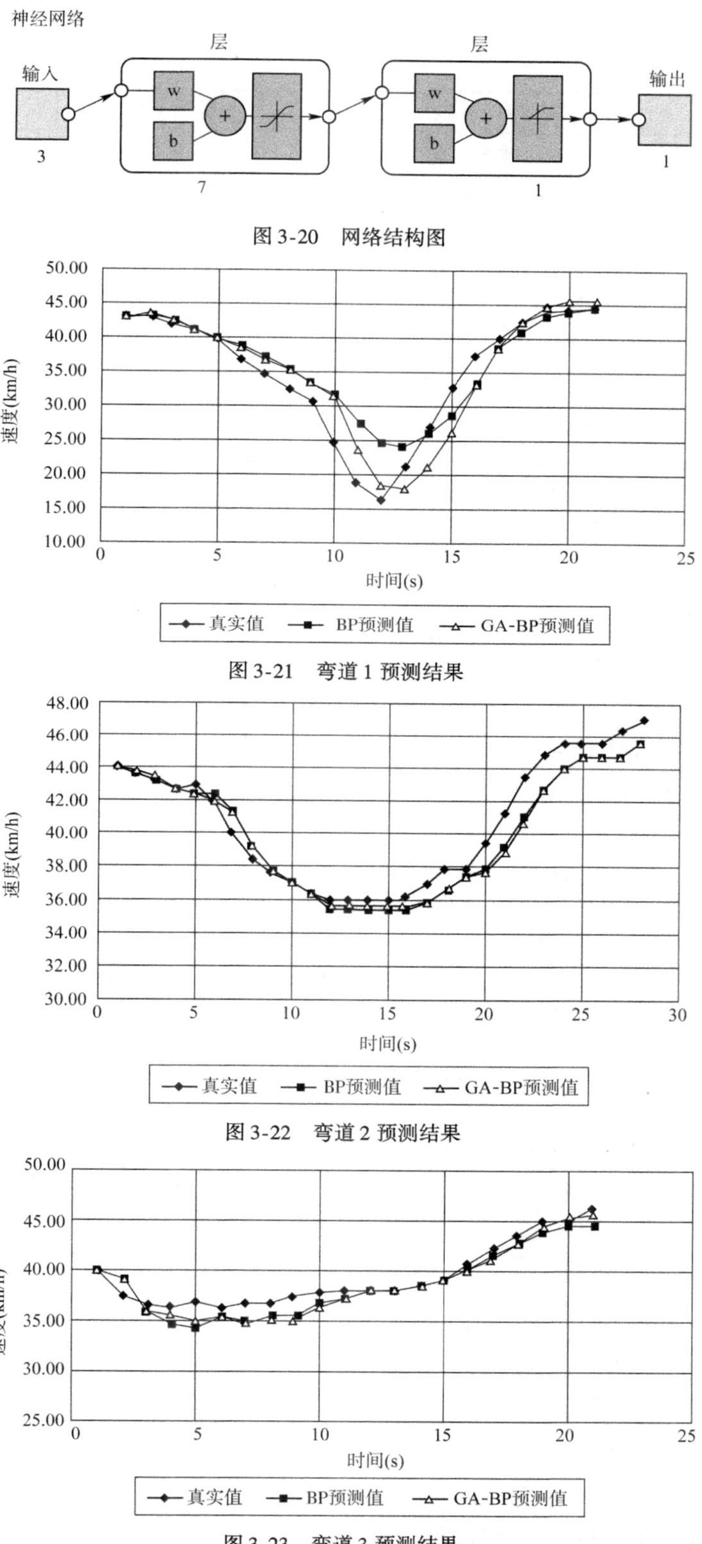

图 3-20　网络结构图

图 3-21　弯道 1 预测结果

图 3-22　弯道 2 预测结果

图 3-23　弯道 3 预测结果

由上述预测结果,结合调查地点的情况,如表 3-7 所示。

调查地点汇总表

表 3-7

弯道编号	路　段	半径(m)	弯道长度(m)
弯道 1	渝南大道	399.3	228.6
弯道 2	南滨路 1	564.7	295.3
弯道 3	南滨路 2	494.7	219.1
弯道 4	巴滨路 1	283.6	124.2
弯道 5	丹龙路	80.6	119.6
弯道 6	渝南分流道	233.8	272.1
弯道 7	巴滨路 2	166.9	207.3
弯道 8	巴滨路 3	585.4	474.5

由表 3-7 可得,所调查的 8 个弯道,其转弯半径和弯道长度均不同,得到的车辆运行速度预测误差如表 3-8 所示。

车速预测误差

表 3-8

弯道编号		均方误差	平均绝对误差	平均相对误差(%)
弯道 1	BP 神经网络模型	13.22	2.51	10.10
	GA-BP 神经网络模型	9.40	2.29	8.26
弯道 2	BP 神经网络模型	1.29	0.90	2.15
	GA-BP 神经网络模型	1.24	0.82	1.96
弯道 3	BP 神经网络模型	1.36	1.01	2.50
	GA-BP 神经网络模型	1.31	0.90	2.26
弯道 4	BP 神经网络模型	14.32	3.44	9.12
	GA-BP 神经网络模型	11.92	3.14	8.32
弯道 5	BP 神经网络模型	0.60	0.51	1.78
	GA-BP 神经网络模型	0.56	0.46	1.63
弯道 6	BP 神经网络模型	0.82	0.37	1.68
	GA-BP 神经网络模型	0.35	0.35	1.57
弯道 7	BP 神经网络模型	2.67	0.59	3.77
	GA-BP 神经网络模型	0.87	0.44	3.06
弯道 8	BP 神经网络模型	0.81	0.60	1.65
	GA-BP 神经网络模型	0.21	0.32	0.90

由预测结果图可知,GA-BP 神经网络模型和 BP 神经网络模型都能描绘出车速的大致趋势,而相比于 BP 神经网络模型, GA-BP 神经网络模型的仿真预测值与实际值更加接近。

根据表 3-8 可知 GA-BP 神经网络模型和 BP 神经网络模型预测结果,其中 GA-BP 神经网络模型预测的平均相对误差比 BP 神经网络模型预测平均相对误差小,说明 GA-BP 神经网络的仿真预测效果较好,可以较好地反映车速变化的规律。GA-BP 神经网络模型的均方误差、平均相对误差都小于 BP 神经网络模型，说明 GA-BP 神经网络模型的仿真精度更高。

针对城市道路弯道路段的汽车车速进行了分析研究，为获取研究所需的实测车速，首先选取了重庆市区内的弯道路段进行实车试验；其次通过对 GPS 数据的处理分析，得到在良好的交通条件（自由流状态，不受限速标志、测速设备等环境因素的干扰）和气候条件下，重庆市城市道路弯道路段的汽车车速；再结合数据分析了弯道路段汽车车速的连续变化特性，研究了弯道半径、弯道长度等因素对车速的影响；最后运用 GA-BP 神经网络算法，建立了城市道路弯道路段汽车车速预测模型，并结合实测车速对模型进行了验证分析。

通过研究主要得到了以下结论：

（1）小客车在城市道路弯道路段行驶的过程中，弯道半径、弯道长度、入弯车速都对车速的变化有一定的影响。弯道的半径越小，车速的最小值就越小，车速的变化幅度也就越小；弯道的长度越长，车速的加减速距离就越长，车速的变化幅度也就越小；入弯车速的大小对弯道前半段的车速变化有着较为明显的影响。

（2）建立了城市道路弯道路段汽车车速预测模型。根据车速变化特性的研究分析，提取了弯道半径、弯道长度、入弯车速等指标，运用 GA-BP 神经网络算法，构建了城市道路弯道路段汽车车速预测模型，并以重庆市城市道路弯道路段的实测数据为例，对模型进行了验证分析。分析结果表明，模型预测得到的车速能够较好的符合城市道路弯道路段的实际车速，采用 GA-BP 神经网络方法建立的车速预测模型是有效的。

3.5　本章小结

本章首先简单分析了车辆在山地城市有坡度路段行驶时的受力情况，确定了道路纵坡对车辆行驶的大致影响机理。随后对道路纵坡坡度分别为 0（无坡度）、±2.4%、±3.3%、±4.5% 和 ±5.2% 的典型路段以及曲率半径为 45m 的弯道路段展开实地调查，采集了以上几种不同路段的车辆速度信息并进行统计分析，得到车辆行驶速度的变化规律，并给出了山地城市中大、小型车在上、下坡路段以及弯道内行驶时的平均行驶速度预测模型。

第4章　基于模型解析的延误获取分析

4.1　基于传统模型解析的延误模型建模

4.1.1　稳态理论

信号控制交叉口的延误分析较为复杂，涉及的因素很多，延误与排队长度之间互相关联。它们主要与交通量、信号配时等因素有关，另外还与车辆运行的随机特性有关。

车辆在信号控制交叉口所经历的延误时间，主要决定于车辆在进口道的到达率和通过能力。一般情况下，车辆到达率和通过能力均随时间的变化而变化，其变化规律比较复杂，既包括规律性的变化，也包括非规律性的变化。仔细观察交叉口交通变化的情况会发现，虽然不同时刻的瞬时交通状况可能会有较大差别，但是在一个比较长的时段内（比如一个小时或半个小时），车辆平均到达率和进口道通过能力总体是处于相对稳定的状态，如图4-1所示，其中 q_1 为某一时间点的流量；$\bar{q}_1$ 为 q_1 的均值，同理，$\bar{q}_2$ 为 q_2 的均值。出现这种稳定局面的前提条件是交叉口没有达到饱和。

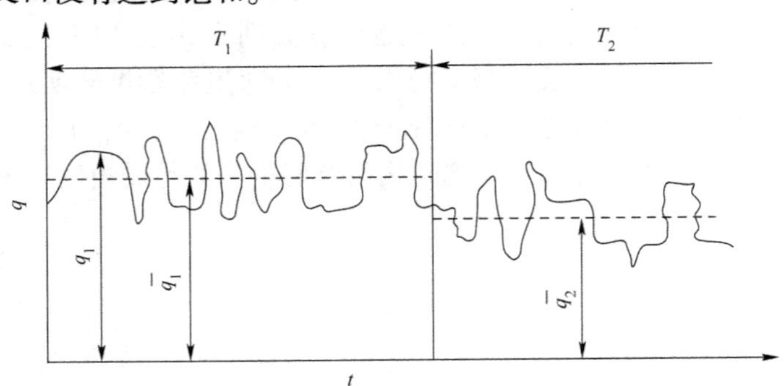

图4-1　交通流量—时间

若以每个周期为统计单元，计算车辆抵达停车线的平均到达率，则会出现随着周期的变化，车辆到达率上下波动的情况，但在时长为 T_1 的时间内，车辆到达率总是围绕着一个平均值上下波动，过了 T_1 之后，他们围绕另一个平均值 T_2 上下波动。与车辆到达率在某时段内的变化特征相对应，信号配时在某一确定的时段内保持不变，则交叉口每一进口方向的允许通过能力就是一个常数。

基于上述的分析，稳态理论建立了如下的假设：

①在所取的分析时段 T 之内，车辆平均到达率稳定不变；

②在所取的分析时段 T 之内，进口断面的通过能力为常数；

③在所取的分析时段 T 之内，车辆受信号阻滞所产生的延误时间与车辆到达率之间相关关系不发生改变；

④在所取的分析时段 T 之内，每个信号周期内车辆到达率随机变化，车辆在进口道停车线附近受阻排队长度同样随机变化。在某些周期内车辆到达/离去可能不平衡，产生周期滞留车队。但过了几个周期之后，滞留车队会逐渐消失，因此对于整个分析时段 T 来说，车辆到达/离去是始终保持平衡的。

基于以上 4 点基本假设，在饱和度足够低的情况下，使用稳态理论获得车辆延误时，可以简化如下：

①把车辆的到达率视作一个常数，计算车辆在信号交叉口的均衡相位延误；

②计算各个周期因为车辆到达率的不同而出现的附加延误(包括其中某些周期由于车辆到达过饱和而出现的附加延误)，将他们统称为"随机延误"；

③将以上两部分延误相加，求得车辆的平均延误时间。

在上述假设的基础上建立起来的经典延误模型主要有 Webster，HCM 延误模型等。

4.1.2 定数理论与过渡函数理论

上节介绍的稳态模型中，车辆到达/离去平衡的假设是建立在较长时间段内交通状况比较稳定的前提之下，这在交通流量较小时能够满足。但是，车辆到达率很多时候会超过进口道的通行能力，此时稳态模型的假设条件不再成立。为解决这样的问题，许多学者研究了过饱和交叉口车辆延误时间的计算方法，其中比较著名的论述是 May 提出的定数延误理论模型。

稳态理论和定数理论的基本假设均有各自的局限性。稳态理论在饱和度较低的情况下与实际情况符合较好，但是随着饱和度增加，车辆到达/离去的"稳态平衡"状态假设就不能保证。特别是当交叉口接近饱和时，稳态理论已经不能使用，完全无法给出有实际意义的结果。对饱和度较高但仍未饱和的交叉口，定数理论虽然能给出比较理想的结果，但是对于接近饱和或已经饱和的交叉口，定数理论得出的结果也不能令人满意。因此，部分学者通过协调稳态理论和定数理论，在两者之间寻求了一种过渡函数曲线。P. D. Whiting 是最早提出这种协调方法的人，他为了建立 TRANSYT 程序中有关随机延误的数学模拟方法而开始研究协调过渡曲线。之后，英国的 Kimber 和 Hollis 在此基础上更深入地研究了稳态理论与定数理论之间的协调问题，进行了过渡函数的详细推演。

4.1.3 经典延误模型推导分析

1) Webster 延误提取模型

基于稳态理论，国内外对信号控制交叉口的延误推导方法进行了大量的研究。其中，国际上经典的交通工程著作介绍的是 Webster 发表在《Traffic Signal Settings》(Road Res1 Tech1 Paper，No139 ，Road Research Laboratory ，London，1958)中的韦氏公式。

Webster 交叉口进口道车辆周期平均延误的计算公式为

$$d=\frac{C(1-u)^2}{2(1-y)}+\frac{x^2}{2q(1-x)}-0.65\left(\frac{C}{q^2}\right)\frac{1}{3}\times x^{(2+5u)} \tag{4-1}$$

式中：C——信号周期时长，s；

q——车辆到达率,veh/s;

x——饱和度;

u——绿信比,等于 g/C,其中 g 为有效绿灯时长,s;

y——流量比,等于 q/S,其中 S 为饱和流量,veh/s。

式(4-1)中第一项为车辆到达率为常量时产生的延误计算式,如图 4-2 所示。第二项为随机延误项,即增量延误,是在车辆到达服从泊松分布、但离去率为常数的前提假设下得到的。第三项为修正项,是通过模拟计算得到的。Webster 通过模拟发现,由于第三项所占延误的比例较小,约为 5% ~15%,计算时可以将该项不计入延误计算中。

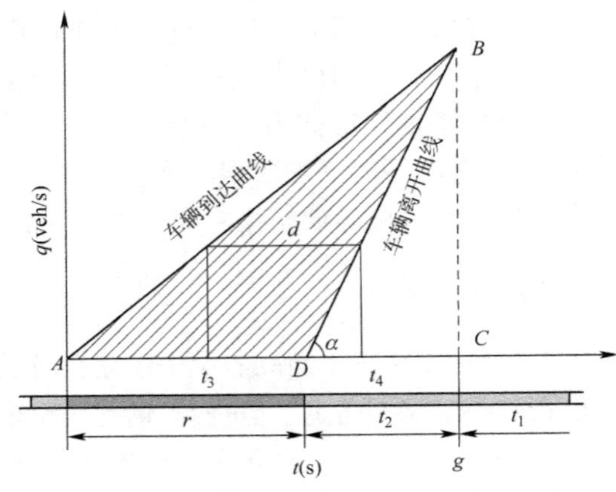

图 4-2　车辆到达与延误关系图

如图 4-2 所示,假设其中一辆经历延误的车辆到达的时间为 t_3,离开时间为 t_4,则车辆在交叉口的行程时间 t 为

$$t = t_4 - t_3 \tag{4-2}$$

该时间减去车辆以自由行使状态驶过该段路程所需时间得到的差值即为车辆在该交叉口经历的信号控制延误值,如图 4-2 中所示的阴影部分 d,单个车辆在交叉口产生的延误加和即为所有车辆在交叉口产生的总延误,即图中阴影部分 d 的面积。所以计算总延误即转化为计算阴影部分的面积,由假设可知,该图形为三角形,使用三角形的面积计算公式即可推导得到车辆在交叉口的总延误。

车辆平均到达率假定为 q,依据之前假设,q 应为常数,车辆通过交叉口的饱和流量为 S,S 同样是常数。C 为交叉口信号周期,r 为红灯时长,g 为绿灯时长,交叉口车辆延误的计算过程如下。

所有车辆在交叉口的总延误即为图 4-2 中阴影部分 d 的面积,该面积使用基本的三角形面积计算公式即可得到

$$d = \frac{1}{2} \times AD \times BC \tag{4-3}$$

式中:AD——长度表示周期内红灯时长;

BC——长度表示周期内产生延误的车辆数,该值可以借助于三角形 DBC 求解。

在三角形 DBC 中,存在如下关系式

$$BC = \tan\alpha \times DC \tag{4-4}$$

式中：$\tan\alpha$——饱和流量，s；

DC——长度表示车辆的消散时间，即 t_2。

车辆的消散过程结束时，周期到达的车辆与离开的车辆数相等，因此有以下关系

$$q \times (r + t_2) = S \times t_2 \tag{4-5}$$

由此，可以推导得出

$$t_2 = \frac{q \times r}{S - q} \tag{4-6}$$

将式(4-4)~式(4-6)代入延误的计算式(4-3)，可以得到车辆在交叉口的总延误为

$$D = \frac{q \times S \times r^2}{2 \times (S - q)} \tag{4-7}$$

式(4-7)为车辆在一个周期内的总延误，交叉口信号周期为 C，则一个周期内车辆的平均延误为

$$\bar{d} = \frac{D}{q \times C} = \frac{S \times r^2}{2 \times C \times (S - q)} \tag{4-8}$$

由于存在如下关系式

$$u = \frac{g}{C} \tag{4-9}$$

$$r = C - g \tag{4-10}$$

$$y = \frac{q}{S} \tag{4-11}$$

将上述式子代入车均延误的式(4-8)，整理后可以得到车均延误为

$$\bar{d} = \frac{C(1-u)^2}{2(1-y)} \tag{4-12}$$

式(4-12)即为 Webster 延误计算式(4-1)中的第一项。

2) Miller 延误提取模型

Miller 在推导的过程中假设绿灯时间内车辆到达服从泊松过程，服务时间为定时服务，则车辆产生的延误值可以使用下式进行计算。

$$d = \frac{C(1-u)^2}{2(1-y)} + \frac{N_S(1-u)}{q(1-y)} \tag{4-13}$$

$$N_S = \frac{e^{\left[\frac{-1.33(Sg)0.5(1-x)}{x}\right]}}{2(1-x)} \tag{4-14}$$

式(4-13)、式(4-14)中参数的含义与公式(4-1)中参数的含义相同。

3) Akcelik 延误提取模型

澳大利亚学者 Ackelik 等人对过饱和的情形作了研究，给出了相应的延误计算公式，同时还考虑了高峰期的延误问题，公式如下

$$d = \begin{cases} \dfrac{C(1-u)}{2} + 900T\left[(x-1) + \sqrt{(x-1)^2 + \dfrac{8k(x-x_0)}{cT}}\right], & x \geqslant 1.0 \\ \dfrac{C(1-u)^2}{2(1-y)} + 900T\left[(x-1) + \sqrt{(x-1)^2 + \dfrac{8k(x-x_0)}{cT}}\right], & x_0 < x < 1.0 \\ \dfrac{C(1-u)^2}{2(1-y)}, & x \leqslant x_0 \end{cases} \tag{4-15}$$

$$x_0 = 0.67 + \frac{Sg}{600} \tag{4-16}$$

$$k = 1.22(Sg)^{-0.22} \tag{4-17}$$

式中：T——分析时长，h。

Akcelik 模型中增加了饱和度的取值范围，这样就增加了模型的适用范围。

4）HCM2010 延误提取模型

（1）HCM2010 延误模型计算公式

美国道路通行能力手册（Highway Capacity Manual 2010，HCM2010）给出了各种干扰情况下，不同饱和度时的交叉口延误计算模型，模型的表达式为

$$d = \frac{C(1-u)^2}{2[1-\min(1,x)u]}PF + 900T\left[(x-1) + \sqrt{(x-1)^2 + \frac{8kIx}{cT}}\right] + \frac{1800Q_b(1-u^*)t}{cT} \tag{4-18}$$

式(4-18)中第一项为车辆均匀到达时所产生的延误，第二项是对车辆随机到达的修正，第三项为存在周期初始排队车辆时的延误，如果不存在初始排队，第三项取值为0，式中各系数的表达式或含义如下

$$PF = \frac{(1-P)f_{PA}}{1-u} \tag{4-19}$$

$$P = r_p u \tag{4-20}$$

式中：r_p——车辆到达类型的修正系数。

$$t = \begin{cases} 0, & Q_b = 0 \\ \min\left\{T, \frac{Q_b}{c[1-\min(1,x)]}\right\}, & Q_b \neq 0 \end{cases} \tag{4-21}$$

$$u^* = \begin{cases} 0 \\ 1 - \frac{cT}{Q_b[1-\min(1,x)]}, \end{cases} \tag{4-22}$$

式中：T——分析时长，h；

k——信控方式校正参数；

I——车辆到达校正参数；

Q_b——周期初始时间车辆排队长度。

其他符号意义同式(4-1)。

（2）HCM2010 计算时的调节参数

在使用 HCM2010 进行计算时，一般可以调节的参数有：

①分析时长（T）

对于分析时长，一般取值为0.25h，即15min。当 V/C 比值大于0.9，分析时长对于延误的影响较大，此时，如果车辆到达率可以认为是常数，则分析时长可以取为1h。如果 V/C 比值超过1，则分析时长可以取过饱和的这段时间，但前提为该分析时段的流量到达均值，且为常数。

②车辆到达类型(I)

对于车辆的到达类型分为 6 种。

类型 1:有超过 80% 的车辆在红灯期间到达;

类型 2:有 40% ~80% 的车辆在红灯期间到达;

类型 3:随机到达,即该交叉口受其他交叉口影响较小;

类型 4:40% ~80% 的车辆在绿灯期间到达该交叉口;

类型 5:80% 以上的车辆在绿灯期间到达;

类型 6:保留情况,一般不用。

对上述 6 中类型的选择如下:

类型 1 一般应用于两个交叉口信号协调不理想,且交叉口的间距小于 480m;

类型 2 一般用于协调控制不理想,且交叉口间距位于 480 ~960m 之间;

类型 3 用于交叉口间距大于 960m;

类型 4 用于协调控制较好,且交叉口间距为 480 ~960m 之间;

类型 5 用于协调控制较好,且交叉口间距小于 480m;

类型 6 一般不用。

在对该交叉口的情况不甚了解,默认情况下一般使用类型 3。

③k 取值

一般对于定时信号控制,k 取值为 0.5;对于感应式控制,该取值为 0.04 ~0.5,具体取决于单位绿灯延长时间和 V/C 的比值,在缺省情况下,单位绿灯延长时间为 3s,V/C 比值默认为 0.85 ~0.9,故 k 取值为 0.4。该系数的具体对应表参考 HCM2010。

④PF 取值

对于 PF 的取值,与所选取的车辆到达类型有关,如果车辆到达类型为 3,则 PF 的取值为 1。对于到达类型 4,则 PF 的最大值可以取到 1.0,具体的取值可以根据式(4-19)进行计算,该式中的 P 值为绿灯期间到达车辆停车线或者加入排队的车辆比例,该值可以实测,也可以根据车辆的到达类型进行估算,估算式如式(4-20)所示,式中 r_p 对应于车辆到达类型为 1,2,3,4,5 取值分别为:0.333,0.667,1,1.333,1.667;f_{PA} 的取值对应于车辆到达类型 1,2,3,4,5 分别为:1.0,0.93,1.0,1.15,1.0。

4.2　经典延误模型应用及分析

4.2.1　交叉口延误数据提取过程

1)调查地点选取

项目中对于交叉口真实延误参数的提取主要通过现场调查及视频录像,后期使用人工提取的方式实现。考虑本项目研究内容对调查地点的选择要求,结合现场摄像机架设条件等因素,研究人员在对重庆市交叉口进行筛选后,最终选取了渝南分流道—民主新街信号交叉口北进口道与学府大道七公里信号交叉口北进口道两个调查点。其中渝南分流道—民主新街交叉口北进口及其上游路段为无坡度的平直路段,为重庆市内少有,如图 4-3、图 4-4 所示。该交叉口调查时间为 2015 年 1 月 21 日上午 9:30～11:30 和下午 14:00～16:00 的平峰时段,共 4 个小时。视频拍摄点选择在该交叉口东南角的居民楼楼顶,拍摄视野范围同时包含进口道停车线和最大排队车辆所在位置上游。

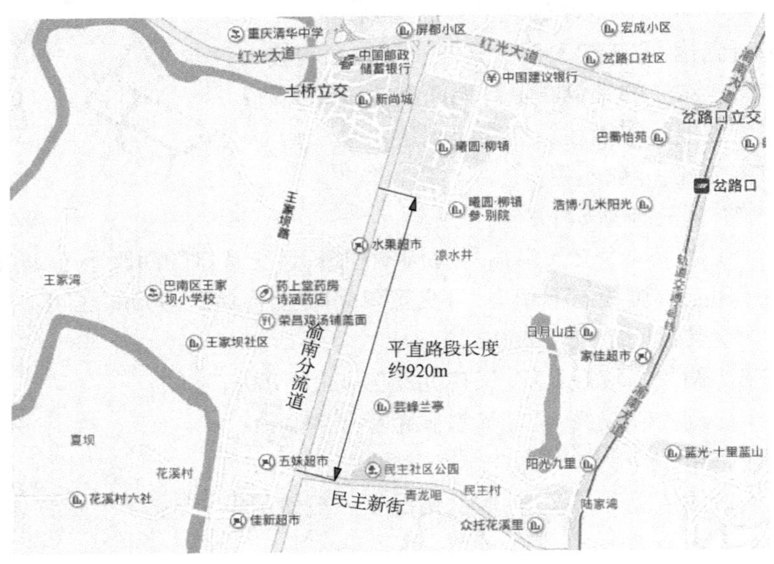

图 4-3　渝南分流道—民主新街交叉口在路网中的位置图

图 4-4　渝南分流道—民主新街交叉口断面位置及车道选择图

另外一个调查点为学府大道七公里信号交叉口,该交叉口北进口道及其上游 200 米之内路段的平均坡度约为 -4.5%,属于典型的山地城市信号交叉口,其在路网中的位置如图 4-5、图 4-6 所示。该交叉口调查时间为 2015 年 1 月 22 日上午 9:30～11:30 和下午 14:00～16:00 的平峰时段,共 4 个小时。视频拍摄点选择在该交叉口南侧的人行天桥上,拍摄视野范围同样也包含进口道停车线和最大排队车辆所在位置上游。

图 4-5　学府大道七公里交叉口在路网中的位置图

图 4-6　学府大道七公里交叉口断面位置及车道选择图

2）视频数据提取过程

观测车道为图 4-4、图 4-6 中虚线范围内的直行车道。首先提取车辆通过 2 个断面的自由行驶时间 t_f，其中“断面 1”“断面 2”位置的确定原则与牌照法类似。“断面 1”选择在最大排队车辆后 20m 左右，主要考虑排队车辆中最后一辆车能够以自由行驶速度通过该断面；考虑经典模型推算过程中的断面选择，“断面 2”选择在停车线的位置。对于车辆自由行驶时需要的时间，记录所选车道内自由行驶的车辆依次通过“断面 1”“断面 2”的时间，简单相减即可得到。具体操作时，为尽量减小绿灯启亮、结束前后的时间对车辆自由行驶的影响，仅选择绿灯开始后 10s 至绿灯结束前 10s 之间的时间段进行统计。对于所需要统计的车辆数，参考牌照法调查延误最小样本量确定的公式，因车辆自由行驶时间相对引道延误时间更稳定，且要求相对精确，这里选择标准差 $\sigma=5s$，容许误差 $E=1s$，在95%的置信水平下，得到最小样本量为 $N=96$。实际提取时每个交叉口各选择100辆车来观测其自由行驶时间。

然后提取所选车道内车辆的引道延误时间，同样记录车辆依次通过"断面1""断面2"的时间，得到车辆通过交叉口所需要的实际行程时间 t_a，实际行程时间 t_a 减去自由行驶时间 t_f 即为车辆通过该交叉口的引道延误值。对于所需要统计的车辆数，仍然参考牌照法中样本量的确定方法，这里选择标准差 $\sigma=15s$，容许误差 $E=2s$，在95%的置信水平下，得到最小样本量为 $N=216$。实际提取时，渝南分流道—民主新街交叉口选择了70个周期，共863辆车的延误数据，学府大道七公里交叉口选择了50个周期，共320辆车的延误数据，数据量远超过最小样本量的要求。

选取交叉口的基本信息如表4-1所示。

一定置信度下的Z值 表4-1

类　别	渝南分流道—民主新街交叉口	学府大道七公里交叉口
交叉口位置	重庆市巴南区	重庆市南岸区
调查进口道	北进口道	北进口道
进口道坡度(%)	0	-4.5
调查车道	左侧直行车道	中间直行车道
直行车道数(个)	2	3
调查周期数(个)	70	50
调查车辆数(辆)	863	320
与上游交叉口距离(m)	约920	约1000
信号控制方式	单点固定配时	单点固定配时

4.2.2 交叉口配时方案

渝南分流道—民主新街信号交叉口调查时段的信号配时方案为：周期时长 $C=110s$，北进口直行方向绿灯时长 $g=70s$，红灯时长 $r=37s$，黄灯时长 $a=3s$，如图4-7所示。调查时段内大型车比例为10.76%，基本饱和流量采用《交通管理与控制》(第四版)中的比较适合国内现状的每个直行车道1650pcu/绿灯小时，经过车道宽度、进口道坡度、大车混入率等修正后得到结果为1489pcu/绿灯小时，取 $S=1500$pcu/绿灯小时。

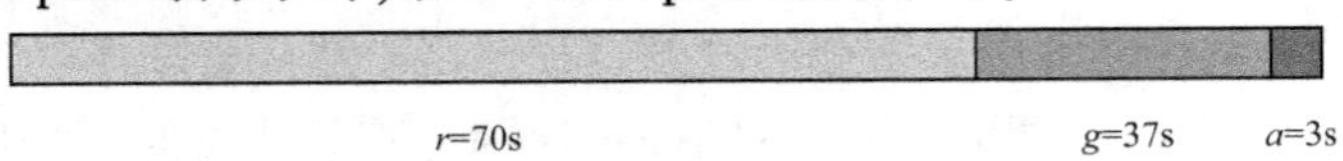

图4-7 渝南分流道—民主新街交叉口北进口直行信号配时方案

学府大道七公里信号交叉口北进口道调查时段的信号配时方案为：周期时长 $C=90s$，北进口直行方向绿灯时长 $g=66s$，红灯时长 $r=21s$，黄灯时长 $a=3s$，如图4-8所示。调查时段内大型车比例为9.38%，进口道坡度-4.5%，饱和流量经过修正后取值 $S=1600$pcu/绿灯小时。

图 4-8　学府大道七公里处交叉口北进口直行信号配时方案

4.2.3　经典延误模型的误差分析

在考察模型计算所得延误值与实测延误值的差异时，项目选择了以下指标来检验模型计算的效果。

1）模型计算误差

设实测值为 X，模型计算值为 X'，令 $e = X' - X$，则 e 为 X' 的误差。$e > 0$ 表示 X' 偏高；$e < 0$ 表示 X' 偏低。

2）相对误差

$$\varepsilon = \frac{e}{X} = \frac{X' - X}{X} \times 100\% \tag{4-23}$$

3）平均百分比误差

$$MPE = \bar{\varepsilon} = \frac{1}{n}\sum_{i=1}^{n}\varepsilon_i \tag{4-24}$$

4）平均绝对百分比误差

$$MAPE = \frac{1}{n}\sum_{i=1}^{n}|\varepsilon_i| \tag{4-25}$$

5）误差标准差

$$\sigma = \sqrt{\frac{1}{n}\sum_{i=1}^{n}(\varepsilon_i - \bar{\varepsilon})} \tag{4-26}$$

4.2.4　交叉口延误数据分析

由于项目主要研究非饱和状态下的交叉口延误获取，调查时间也是选择在平峰时段，定数理论和过渡函数模型并不适用，因此仅使用经验延误提取模型中的 Webster、Miller、Akcelik、HCM2010 来计算所选交叉口对应车道的进口道延误。

不同的交叉口，由于几何条件、交通量、配时方案等因素不同，其对应的车辆延误之间也会有较大的差别，不能直接使用测得的延误值比较其差异。为使得经典的延误模型在 2 个调查地点的使用效果之间具有可比性，分别使用 4 个模型计算延误值和实测延误值的相对误差来分析，计算方法如式（4-23）所示。

1）渝南分流道—民主新街交叉口北进口直行车道

将该交叉口所有调查周期的延误模型计算值与实测值的相对误差 ε 以带折线的散点图的形式呈现出来，如图 4-9 所示。

从图 4-9 中可以看出，应用 4 个经典模型 Webster、Miller、Akcelik、HCM2010 计算渝南分流道—民主新街交叉口北进口直行车道的进口道延误时，对于统计的 70 个周期，4 个模型的计算结果非常相近、差别较小。每个模型计算的相对误差比较均匀地分布在零偏差上下，只有个别周期的模相对误差绝对值达到了 80% 左右。

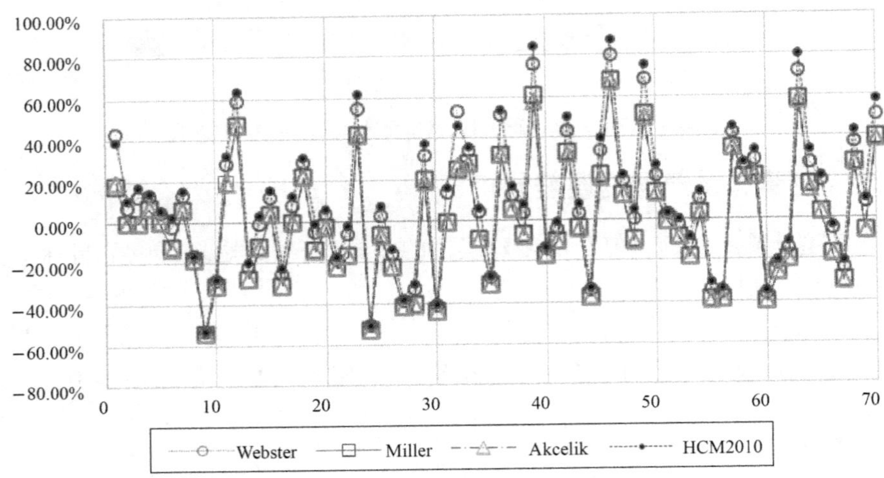

图 4-9　渝南分流道—民主新街交叉口延误模型计算相对误差分布

通过复查原始数据发现,这些周期的实测延误值相比其他周期存在过小或过大的情况,这主要是因为某些周期的车辆到达不满足均匀分布或泊松分布,而 4 个经典模型的成立都有一定的假设条件,虽然大多数周期车辆的运行可以基本满足这些假设,但总有个别周期存在特殊情况,这就造成了模型计算值与实测值的偏差。从理论模型的实际应用的角度来看,这也是不可避免的。为详细了解各个模型计算结果的具体误差以及模型的稳定性,对相对误差数据 ε 做进一步分析。

(1)模型计算误差总体分布情况

利用式(4-24)给出的"平均百分比误差 *MPE*"可以大致看出模型计算误差的分布情况,记为 M_p 。四种模型计算的 *MPE* 分别为:$M_p^{Web}=7.72\%$、$M_p^{Mil}=-0.91\%$、$M_p^{Akc}=-1.24\%$、$M_p^{HCM}=10.80\%$。其中,Webster 模型和 HCM2010 模型计算的均值相比实测值偏大,而 Miller 模型和 Akcelik 模型的计算均值与实测值比较接近。由于模型计算与实测值的偏差有正有负,求均值的过程抵消掉了正负偏差较大的一些特点,对模型计算精度的评判还需要其他参数。

(2)四种延误模型计算值的精度

平均绝对百分比误差 *MAPE* 可以理解为模型计算值和实测值之间的偏差与零偏差的距离,它将每一个偏差值都考虑在内,对于评判模型计算的精度十分有效。该参数采用相对误差取绝对值,再求平均的方法得到,记为 M_a 。

利用 Webster、Miller、Akcelik、HCM2010 公式计算得到的模型值与实测值的 *MAPE* 分别为 $M_a^{Web}=25.48\%$、$M_a^{Mil}=22.53\%$、$M_a^{Akc}=22.46\%$、$M_a^{HCM}=27.02\%$。可见 4 种延误模型在计算渝南分流道—民主新街交叉口北进口直行方向车辆的周期平均延误时,平均偏差均在 20% ~30% 之间,即精度在 70% ~80% 之间,其中 Miller 模型和 Akcelik 模型计算精度分别为 77.47% 和 77.54%,差别很小;Webster 模型和 HCM2010 模型计算精度相对较低,分别为 74.52% 和 72.98%。

(3)4 种延误模型计算值的稳定性

即模型计算值和实测值之间的偏差的波动情况,可以直接应用式(4-26)给出的误差标

准差 σ 表示。

利用 Webster、Miller、Akcelik、HCM2010 公式计算得到的模型值与实测值的误差标准差分别为 $\sigma_{\mathrm{Web}}=31.29\%$、$\sigma_{\mathrm{Mil}}=28.04\%$、$\sigma_{\mathrm{Akc}}=27.81\%$、$\sigma_{\mathrm{HCM}}=32.57\%$。误差标准差越小说明模型计算值和实测值的误差波动幅度越小，稳定性越好。因此 Miller 模型和 Akcelik 模型的稳定性好于 Webster 模型和 HCM2010 模型。

总体看来，这 4 种经典的延误模型应用于计算渝南分流道—民主新街交叉口北进口直行方向车辆的平均延误时，效果比较理想。回顾渝南分流道—民主新街交叉口北进口方向的地理特征和几何条件（无坡度路段，距离达到 920m 左右），可以认为，4 种经典的延误模型在计算无坡度进口道直行方向车辆的周期平均延误时，精度在 70% ~80% 之间，且稳定性较好，效果比较理想。

2）学府大道七公里交叉口北进口直行车道

对于统计的数据，Webster 模型和 HCM2010 模型计算结果比较接近，Miller 模型和 Akcelik 模型的计算结果则比较接近，两者之间有一定差别，如图 4-10 所示。另外，在学府大道七公里交叉口应用 4 个模型计算出来的模型值与实测值的相对误差与渝南分流道—民主新街交叉口有较大区别。该交叉口对应的相对误差几乎全部分布在零偏差以下，即为负值，仅有极少数偏差值大于零。

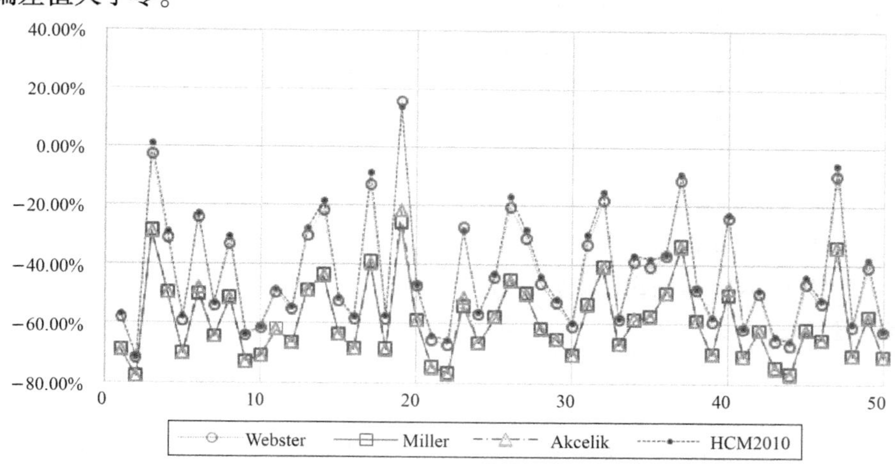

图 4-10　学府大道七公里交叉口延误模型计算相对误差分布图

（1）模型计算误差总体分布情况

在该交叉口 4 种模型 Webster、Miller、Akcelik、HCM2010 计算值的 *MPE* 分别为：$M_p^{Web}=-43.80\%$、$M_p^{Mil}=-59.11\%$、$M_p^{Akc}=-59.03\%$、$M_p^{HCM}=-42.28\%$。可以看到，4 种模型的计算的均值相比实测值偏小，且误差在 −50% 左右。

（2）4 种延误模型计算值的精度

在该交叉口，4 种模型计算值的 *MAPE* 分别为：$M_a^{Web}=44.44\%$、$M_a^{Mil}=59.11\%$、$M_a^{Akc}=59.03\%$、$M_a^{HCM}=42.86\%$。

这里的 *MAPE* 分布在 40% ~60% 之间，即精度为 40% ~60%。其中 Webster 模型和 HCM2010 模型计算精度分别为 55.56% 和 57.14%；Miller 模型和 Akcelik 模型计算精度相对较低，分别为 40.89% 和 40.97%。

(3)4 种延误模型计算值的稳定性

在该交叉口,4 种模型计算的误差标准差分别为:$\sigma_{Web}=19.38\%$、$\sigma_{Mil}=12.96\%$、$\sigma_{Akc}=13.21\%$、$\sigma_{HCM}=19.79\%$。

总体来看,4 种经典的延误模型应用于学府大道七公里交叉口北进口直行方向车辆平均延误的计算时,相比于渝南分流道—民主新街交叉口,模型计算的稳定性有所提高,但是精度却下降了 30% 左右,尤其是 Miller 模型和 Akcelik 模型,计算精度已不足 50%。考虑学府大道七公里南进口道为 -4.5% 的下坡路段,参考相关,道路坡度将会引起进口道饱和流量以及车辆行驶速度等参数的变化。因此在使用经典的延误模型计算大坡度进口道车辆的周期平均延误时,需对车辆运行特征受道路坡度的影响做进一步的探究。

4.3 经典延误模型修正

4.3.1 饱和流量分析

饱和流量是分析信号交叉口通行能力的一个重要指标,其概念为:在连续的绿灯时间内,进口道上一列连续车队所能通过进口道停车线(折算为标准小汽车)的最大流量,单位为 pcu/绿灯小时。饱和流量的大小直接关系到相位通行能力的计算。《城市道路平面交叉口规划与设计规程》在计算实际饱和流量时,首先选取理想条件下的基本饱和流量值,而后根据交叉口的几何特征、交通条件对其进行修正。即进口车道的实际饱和流量为

$$S = S_0 \times f(F_i) \tag{4-27}$$

式中:S_0——基本饱和流量;

S——实际饱和流量;

F_i——校正系数,包括车道宽度校正、大车混入率校正和坡度校正等。

车道宽度校正

$$f_w = \begin{cases} 1 & 3.0 < W \leqslant 3.5 \\ 0.4(W-0.5) & 2.7 \leqslant W \leqslant 3.0 \\ 0.05(W+16.5) & W > 3.5 \end{cases} \tag{4-28}$$

式中:W——车道宽度,m。

大车混入率及坡度校正

$$f_g = 1 - (HV + G) \tag{4-29}$$

式中:HV——大车混入率;

G——道路纵坡,上坡时取正值,下坡时取负值。

由上式可见,要计算某进口车道的饱和流量,需首先知道进口车道的基本饱和流量,然后根据进口道特征乘以相应的校正系数进行校正,进而得到该进口道的饱和流量。

基本饱和流量是指在理想条件(即天气状况良好、标准车道宽度、无左右转、无重型车、无公交车停靠与站点设置干扰等情况)下交叉口进口道车道所能稳定通行的最大饱和流量。

参考相关研究，给出了部分地区的基本饱和流量值，如表 4-2 所示。

部分地区的基本饱和流量值　　表 4-2

地　　区	基本饱和流量(pcu/绿灯小时)
美国部分地区	1990
日本东京市	2000 ~ 2300，平均值 2150
中国台湾地区	1800 ~ 2100，平均值 1950
长春市	1600 ~ 1900，平均值 1750
太原市	1700 ~ 1900，平均值 1800
上海市	1400 ~ 2000，平均值 1650

相关研究中指出，当进口道处于上坡段时，纵坡值每增加 1%，饱和流量值将相应降低 3%；相反，进口道处于下坡段时，纵坡值每增加 1%，则饱和流量增加 3%。其公式表达如下

$$S_i = (1 - 3i) \times S \tag{4-30}$$

式中：i——进口道坡度，上坡时为正值，下坡时为负值；

S——为未考虑坡度时的进口道饱和流量。

项目中指出，这里的“纵坡值”系停车线后面 200m 范围内的车道平均纵坡值。当上坡段纵坡值超过 10%，下坡段纵坡大于 5% 时，则不在此列，应另做专门测定。这是因为当进口道坡度过大时，坡度与饱和流量的关系已超出线性变化的范围，尤其是下坡段，驾驶员出于安全性和舒适性的考虑，并不会使车辆启动时的加速度过大。因此，若下坡段纵坡大于 5%，驾驶员会适当降低车辆的启动加速度，以使车辆加速过程处于比较平稳的状态。

由相关研究和调查统计的数据可以看出，不同地区进口道的基本饱和流量值是不同的，甚至相差很大，对饱和流量的修正也不一样。在我国，受气候以及历史传统等影响，南北方城市各有特色，另外由于经济发展程度不一，国内东西部城市之间差异也比较明显。重庆市作为南方典型的山地城市，与其他平原城市之间必然会有差别，因此对重庆市的进口道基本饱和流量进行重新调研确定是很有必要的。

4.3.2　饱和车头时距

进口道基本饱和流量的调查可以通过调查进口道饱和车头时距得到，饱和车头时距的概念可以理解为，当信号灯由红灯变换为绿灯时，该方向车流获得通行权，经过一定的反应延误时间，红灯期间积压的排队车辆依次起动，顺序通过停车线。车道组交通流率由零逐渐增加到一个相对稳定的值，称为饱和流率，与此同时，车头时距也达到相对的稳定状态，即为饱和车头时距。此后，车道内交通流持续以饱和状态通过停车线，直到红灯期间排队的车辆全部放完或者绿灯结束为止，通常是在队列消散过程中从第四辆车到最后一辆车连续驶过交叉口的平均车头时距。

饱和车头时距是信号交叉口的重要交通流特性，也是本节要获取的重要参数。邵长桥通过对交叉口现场数据的调查和整理，给出了饱和车头时距的分布特征，并有如下结论，车队中大车的车头时距明显小于小车时距，大车尾随小车的车头时距为 3.28s，小车尾随大车的车头时距为 2.7s，大车尾随大车的时距在 3.5 ~ 5.0s 之间，小车尾随小车的车头时距为

2.43s。并基于此给出了不同车辆组成对饱和流量的影响。

但是其统计的数据是基于平原城市北京的,而且所得上述结论也是在十几年前的交通状况下,随着近些年经济的发展,道路路况改善,机动车保有量剧增,交通拥堵现象严重,驾驶员出行压力增大,饱和车头时距极有可能发生比较大的变化,饱和流量也会随之变化。为了掌握当前交通环境下新的饱和车头时距数据,项目对重庆市巴南区渝南分流道与民主新街交叉口北进口道一条直行车道进行调查,该交叉口进口道及上游一段距离均为平直路段,坡度接近为零,在所记录的饱和车头时距的数据中,仅选择小型车与小型车之间的饱和车头时距,数据处理之后便可得到基本饱和流量。

4.3.3 饱和流量计算及标定

根据在无坡度进口道直行车辆中提取的 300 个小型车的饱和车头时距数据,绘出饱和车头时距分布散点图,如图 4-11 所示。

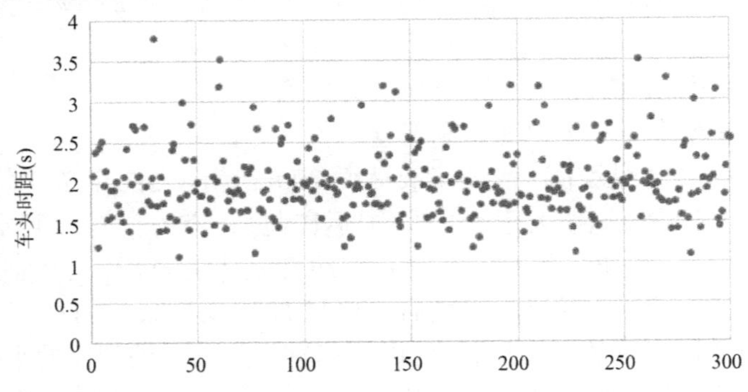

图 4-11 无坡度直行进口道小型车饱和车头时距分布

从图中可以看出,数据分布在 0.5 ~4.5s 之间,计算得其均值为 $\bar{h}_0=2.113$s,依据饱和流量与饱和车头时距的关系,可得到饱和流量为

$$S_0=\frac{3600}{\bar{h}_0}=1703(\text{pcu/h}) \tag{4-31}$$

参考表 4-2 中所给的不同地区的基本饱和流量数据,发现重庆市的基本饱和流量值低于长春市、太原市的平均值,但高于上海市。

图 4-12 为 -4.5% 坡度进口道直行车辆中小车的饱和车头时距分布散点图,从图中可以看出,饱和车头时距分布在 1.0 ~4.5s 之间,计算出其均值为 $\bar{h}_{-4.5}=2.012$s,计算得到其饱和流量为

$$S_{-4.5}=\frac{3600}{\bar{h}_{-4.5}}=1789(\text{pcu/h}) \tag{4-32}$$

相比重庆市基本饱和流量,-4.5% 坡度下饱和流量的修正比例应该为

$$\frac{S_{-4.5}-S_0}{S_0}=\frac{1789-1703}{1703}=5.05(\%) \tag{4-33}$$

这与道路纵坡坡度值 -4.5% 在数值上相差不大,与相关研究得出的当进口道处于下坡段时,纵坡值每增加 1%,则饱和流量增加 3% 结论有所不同。因此,在对重庆市有坡度进口

道的饱和流量进行修正时，建议采用以下修正公式

$$f_g = 1 - G \tag{4-34}$$

式中：G——进口道纵坡坡度，车辆上坡时取正，下坡时取负。

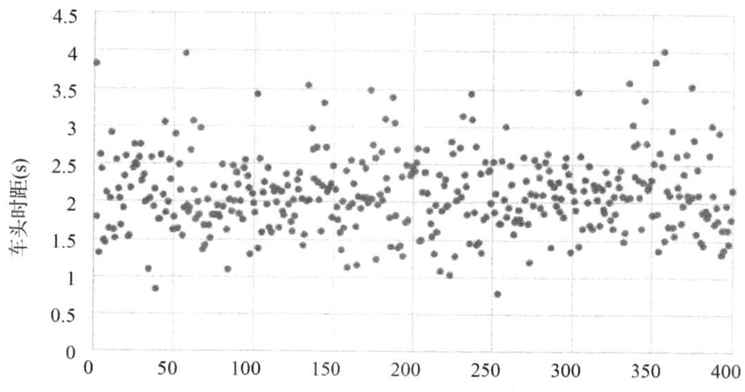

图 4-12　−4.5% 坡度下直行进口道小型车饱和车头时距分布

关于大型车混入比例的修正，同济大学的陈锦绣等通过搜集不同大型车混入比例下饱和流量的变化数据，验证了不同国家、不同地区、不同城市大型车对车道饱和流量的影响存在共同特性，即大型车校正系数随大型车比例增加而逐渐减小。并且这种变化趋势随着大型车比例的增大而逐渐减缓，其变化亦呈现出反比例函数特性，表现形式为

$$f_{HV} = \frac{100}{100 + HV(E_r - 1)} \tag{4-35}$$

式中：HV——大型车比例；

E_r——大型车与标准车换算系数。

相关研究中通过数据的回归分析得到 $E_r = 1.82$，美国 HCM2000 和中国台湾地区对 E_r 的推荐值均为 2.0，参考相关文献中所指的大型车包含了长度大于 6m 的车，而后两者中的大型车指的是大客车和大货车。作者在对大小型车分类时也是采用了这样的标准，即大客车和大货车均属于大型车，中型车和轻型货车属于小型车。综合考虑，E_r 取值为 2.0 可以比较准确的修正大型车混入比例对饱和流量影响，因此，本书中也选择式(4-35)作为大车混入比例的修正公式，并取 E_r 的值为 2.0。

4.3.4　修正模型推导过程

4.2 节中对不同进口道坡度下车辆进口道延误模型计算结果的分析表明，经典的延误提取模型在用于山地城市信号交叉口车辆延误计算时，精度并不理想；同时对山地城市车辆运行速度和饱和流量的分析显示，山地城市道路坡度对车辆运行的影响显著，下面将从道路纵坡坡度出发，尝试对经典延误模型进行修正，以期提高模型在山地城市信号交叉口延误计算时的适用性。

对于不同的道路路段，由于道路纵坡或者弯道的存在，车辆的行驶速度会有不一样的变化，这种变化将反映在道路某一断面处车辆到达特征的变化。假设某条道路在不同路段处具有不同的纵坡坡度（这在山地城市是十分常见的），路段示意图如图 4-13 所示。车流方向为图中箭头所指方向，“检测断面Ⅰ”位于无坡度路段靠近“变坡点Ⅰ”的位置，“检测断面

Ⅱ”位于上坡路段并且距“变坡点Ⅰ”一定距离处。

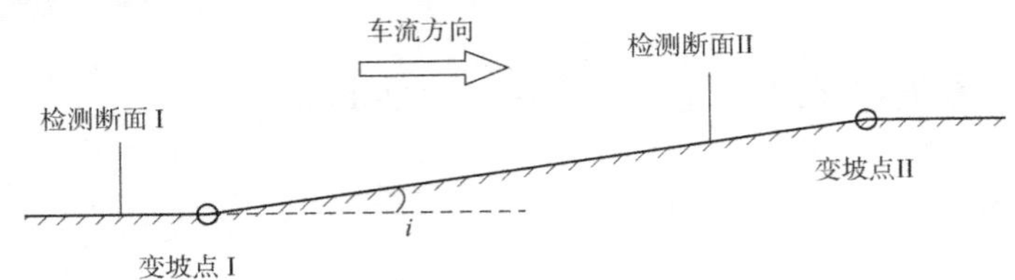

图 4-13　不同纵坡路段示意图

如果在图 4-13 所示的路段上存在行驶方向如图中所示的某列车队,车辆数为 N,车队长度约为 L。该车队在此道路上无坡度路段的行驶速度为 v_0,即在“检测断面Ⅰ”处的平均行驶速度。根据第 3 章中已得到的不同坡度下车辆平均行驶速度的研究结果,得到该车队在坡度为 i 的上坡路段上平均行驶速度为

$$v_i = f(v_0, i) \tag{4-36}$$

根据车辆到达率的定义,即单位时间内通过道路某断面的车辆数,这里将单位时间选为车队完全驶过两个检测断面的时间。分别计算“检测断面Ⅰ”和“检测断面Ⅱ”的车辆到达率,并将计算结果分别作为一定交通量下,该道路上平坡路段和坡度为 i 的有纵坡路段的车辆到达率。

“检测断面Ⅰ”处的车辆到达率为

$$\lambda_0 = \frac{N}{t} = \frac{N}{\frac{L}{v_0}} = \frac{N}{L} \times v_0 \tag{4-37}$$

这里,$t = \frac{L}{v_0}$,表示车队以速度 v_0 驶过检测断面 I 所用的时间。

“检测断面Ⅱ”处的车辆到达率为

$$\lambda_i = \frac{N}{t} = \frac{N}{\frac{L}{v_i}} = \frac{N}{L} \times f(v_0, i) \tag{4-38}$$

这里,$t = \frac{L}{v_i}$,表示车辆以速度 v_i 驶过“检测断面Ⅱ”所用的时间。

由式(4-37)、式(4-38)可得

$$\lambda_i = \frac{f(v_0, i)}{v_0} \times \lambda_0 \tag{4-39}$$

由式(4-39)可以明显看出车辆在同一条道路上不同坡度路段的到达率随着车辆行驶速度的变化而变化,而这种变化本质上是由道路坡度的变化所引起的。

由于车辆到达率的变化将直接影响公式对交叉口延误的计算结果,因此对于车辆到达率计算方法的改进也将同时对 Miller 公式、Akcelik 公式和 HCM2010 公式同时造成影响。根据 4.1.3 中对 Webster 公式第一项的推导所得的式(4-8),即

$$\bar{d} = \frac{S \times r^2}{2 \times C \times (S - q)} \tag{4-40}$$

式中:$\bar{d}$——车辆周期平均延误,s,均匀延误部分;

q——车辆到达率,veh/s;

r——红灯时长,s;

C——周期时长,s;

S——饱和流量,veh/s。

综合式(4-39)对交叉口进口道车辆到达率的修正,以及式(4-34)对带有坡度的进口道饱和流量的修正,将修正后的车辆到达率 λ_i 代替原来的到达率参数 q,饱和流量 S_i 代替 S 之后,带入式(4-40),就可以得到如下对 Webster 公式第一项的修正公式

$$\bar{d}_i = \frac{S_i \times r^2}{2 \times C \times (S_i - \lambda_i)} \tag{4-41}$$

式中:$\bar{d}_i$——坡度为 i 的交叉口进口道,车辆的周期平均延误(仅均匀延误一项);

S_i——坡度为 i 的交叉口进口道的饱和流量;

λ_i——坡度为 i 的交叉口进口道修正后的车辆到达率,由式(4-40)中的 q 替换。

其他符号意义同式(4-40)。

将式(4-9)~(4-11)代入式(4-41)可得

$$\bar{d} = \frac{C(1-u)^2}{2(1-y_i)} \tag{4-42}$$

式中:y_i——$y_i = q_i/S_i$ 即流量比;

u——$u = g/C$ 即绿信比。

4.3.5　4 种经典模型的修正模型

依据上述推导过程,在 4 种经典模型中凡是涉及车辆到达率和饱和流量的地方,均需要利用坡度对车辆到达率和饱和流量的影响公式来修正。

(1)修正后的完整 Webster 延误公式为

$$\bar{d} = \frac{C(1-u)^2}{2(1-y_i)} + \frac{x_i^2}{2\lambda_i(1-x_i)} - 0.65\left(\frac{C}{\lambda_i^2}\right)^{\frac{1}{3}} \times x_i^{(2+5u)} \tag{4-43}$$

(2)修正后的 Miller 延误公式为

$$\bar{d} = \frac{C(1-u)^2}{2(1-y_i)} + \frac{N_S(1-u)}{\lambda_i(1-y_i)} \tag{4-44}$$

$$N_{S_i} = \frac{e^{\left[\frac{-1.33(S_i g)0.5(1-x_i)}{x_i}\right]}}{2(1-x_i)} \tag{4-45}$$

(3)修正后的 Akcelik 延误公式为

$$\begin{cases} \dfrac{C(1-u)}{2} + 900T\left[(x_i-1) + \sqrt{(x_i-1)^2 + \dfrac{8k(x_i-x_0)}{cT}}\right], & x_i \geqslant 1.0 \\ \bar{d} = \dfrac{C(1-u)^2}{2(1-y_i)} + 900T\left[(x_i-1) + \sqrt{(x_i-1)^2 + \dfrac{8k(x_i-x_0)}{cT}}\right], & 1.0 < x_i < x_0 \\ \dfrac{C(1-u)^2}{2(1-y_i)}, & x \leqslant x_0 \end{cases} \tag{4-46}$$

$$x_0 = 0.67 + \frac{S_i g}{600} \tag{4-47}$$

$$k = 1.22(S_i g)^{-0.22} \tag{4-48}$$

(4)修正后的 Akcelik 延误公式为

$$\bar{d} = \frac{C(1-u)^2}{2[1-\min(1,x_i)u]}PF + 900T\left[(x_i-1)+\sqrt{(x_i-1)^2+\frac{8kIx_i}{cT}}\right]+\frac{1800Q_b(1-u_i^*)t}{cT} \tag{4-49}$$

以上式(4-43)～式(4-49)中其他符号的意义均与4.1.3中修正之前对应公式的符号意义相同。

4.4 模型检验算例分析

由上述分析可得，进口道坡度影响了交叉口进口道的车辆到达率和饱和流量，并进一步影响到了车辆在交叉口进口道的延误。为了验证上节中给出的延误计算修正模型在实际应用中的效果，本节利用该修正模型对4.2.1中所选择的带有坡度的学府大道七公里交叉口再次进行计算，并与直接使用经典延误模型计算的结果相比较。

首先计算相关参数。学府大道七公里交叉口北进口道纵坡坡度 $i=-4.5\%$，对应的大、小型车各自的平均行驶速度见表3-2。又由4.2.2知，该进口直行车道大型车混入比例为9.38%，计算得到该进口直行车道车辆的平均行驶速度为

$$\bar{v}_{-4.5} = 54.52\times(1-9.38\%)+42.71\times9.38\% = 53.41(\text{km/h}) \tag{4-50}$$

车辆在坡度为零的类似路段行驶时的平均速度为

$$\bar{v}_0 = 45.91\times(1-9.38\%)+35.14\times9.38\% = 44.90(\text{km/h}) \tag{4-51}$$

由公式(4-37)可得

$$\lambda_{-4.5} = \frac{\bar{v}_{-4.5}}{\bar{v}_0}\times\lambda_0 = 1.19\lambda_0 \tag{4-52}$$

饱和流量的修正直接使用4.3.2中经过验证的修正式(4-34)。将经过修正的车辆到达率和饱和流量作为新的参数分别带入4个经典模型Webster、Miller、Akcelik和HCM2010中，得到的延误计算值与实测值的误差百分比分布情况如图4-14所示。

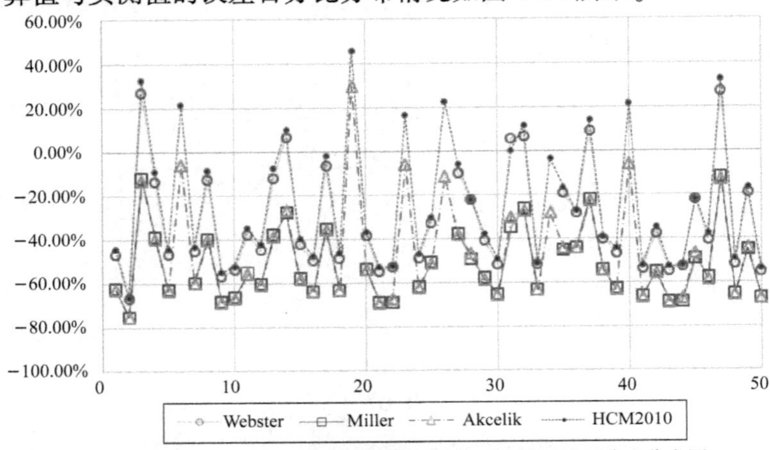

图4-14 学府大道七公里交叉口修正延误模型计算误差百分比分布图

对比图 4-14 和 4.2.4 中图 4-10，可以看出修正延误模型计算结果的偏差百分比分布情况相对未修正时与零偏差的距离整体有所减小，尤其是 Webster 模型和 HCM2010 模型，但是也存在个别周期的偏差百分比值增加的情况，具体的改善效果仍然需要通过有关参数分析得知。

(1)模型计算误差总体分布情况

在该交叉口利用修正车辆到达率和饱和流量之后的 4 种模型计算值的 *MPE* 相对修正之前的变化见表 4-3。

4 种模型计算值与实测值的 *MPE* 统计表　　表 4-3

类　别	模型值与实测值的 *MPE*(%)			
	Webster 模型	Miller 模型	Akcelik 模型	HCM2010 模型
无坡度	7.72	-0.91	-1.24	10.80
-4.5% 坡度修正前	-43.80	-59.11	-59.03	-42.28
-4.5% 坡度修正后	-32.42	-52.52	-46.74	-23.97
偏差降低值	11.38	6.59	12.29	18.31

从上表可以看出，经过修正后的 4 种模型的计算值相比实测值的误差总体来看是降低了的，但计算值的均值总体上仍小于实测值，且和零偏差仍有较大的距离。

(2)利用修正车辆到达率和饱和流量之后的 Webster、Miller、Akcelik、HCM2010 模型计算得到的模型计算值与实测值的平均绝对百分比误差 *MAPE*，相比修正之前以及进口道无坡度情况下的 *MAPE* 的结果见表 4-4。

4 种模型计算值与实测值的 *MAPE* 统计表　　表 4-4

类　别	模型值与实测值的 *MAPE*(%)			
	Webster 模型	Miller 模型	Akcelik 模型	HCM2010 模型
无坡度	25.48	22.53	22.46	27.02
-4.5% 坡度修正前	44.44	59.11	59.03	42.86
-4.5% 坡度修正后	35.35	50.24	47.94	33.19
修正前后降低值	9.09	8.87	11.09	9.67

从表 4-4 中可以明显看出，对具有 -4.5% 进口道坡度的信号交叉口的直行车辆，在利用 Webster、Miller、Akcelik、HCM2010 模型计算其进口道延误时，经过车辆到达率和饱和流量修正之后的计算结果的 *MAPE* 均小于修正之前，降低值分别为 9.09%、8.87%、11.09%、9.67%，这也是模型精度的平均增加值。虽然相比 4 种模型在无坡度时的适用效果还有一定差距，但仍然有了大幅度的提高。修正之后，4 种经典模型 Webster、Miller、Akcelik、HCM2010 在计算带有坡度的进口道延误时，精度已分别达到 64.65%、49.76%、52.06%、66.81%。

以上对于学府大道七公里交叉口车辆进口道延误的验证过程和结果表明，对有坡度交叉口车辆到达率和饱和流量的修正之后，得到的延误提取修正模型能够明显提高经典延误模型在该类型交叉口的适用效果。这为该修正模型在山地城市信号交叉口的进一步推广应用奠定了良好的基础，为获得更好的应用效果，还需要进一步深入的研究。

4.5 本章小结

在前一章有关道路纵坡对车辆行驶速度的影响分析的基础上,本章首先研究了有坡度路段车辆到达率的变化机理,提出了道路纵坡坡度对车辆到达率影响的修正方法。然后将修正后的车辆到达率和饱和流量带入经典的延误提取模型,得到了山地城市信号交叉口延误提取的修正模型。且使用修正后的模型对学府大道七公里交叉口北进口道直行车辆的进口道延误进行了重新计算,并给出了模型计算值与实测值的误差百分比的分布图及特征参数数据。对使用修正延误模型得到的结果与直接使用经典的延误模型得到的结果进行了对比,得出了使用修正延误模型可以在一定程度上提高山地城市信号交叉口进口道延误计算精度度的结论。该模型比较适用于新建交叉口的延误计算与评估,可以为山地城市道路规划及交通控制管理提供参考。

第 5 章　基于首车到达的延误模型建模

5.1　第一辆车到达时间提取及特征分析

研究显示，在每个信号周期，交叉口第一辆车到达时间与信号交叉口进口道延误密切相关。信号交叉口的延误调查对于了解路网交通运行状况及交通拥堵程度十分重要，信号交叉口进口道延误模型建立的关键在于第一辆车到达时间数据。因此本项目提取第一辆车到达时间数据并对其进行分析。

5.1.1　第一辆车到达时间提取过程

项目通过实地调查和视频录像，后期通过人工提取获取第一辆车到达时间数据。为了能够清晰拍摄到交叉口车辆到达与信号灯色变化情况，经过实地调研和筛选，最终选定学府大道与三号门交叉口和渝南分流道—民主新街信号交叉口作为调查点。

学府大道与三号门交叉口路网所在位置如图 5-1、图 5-2 所示。调查时间为 2017 年 3 月 22 日早上 10:00 到下午 18:00，共 8 个小时。为了能清晰地拍摄到入口断面和出口断面的车辆到达情况，决定在交叉口南面的天桥上架设摄像设备。项目所选的学府大道与三号门交叉口为不受上下游影响的主次相交的单点信号控制交叉口。

图 5-1　学府大道与三号门交叉口路网所在位置示意图

图 5-2　学府大道与三号门交叉口断面位置及车道选择图

所调查的学府大道与三号门北进口道的信号配时方案为：周期时长 $C=90\text{s}$，北进口直行方向绿灯时长 $g=57\text{s}$，红灯时长 $r=30\text{s}$，黄灯时长 $a=3\text{s}$，如图 5-3 所示。饱和流量经过修正后取值为 $S=1750\text{pcu}$/绿灯小时。

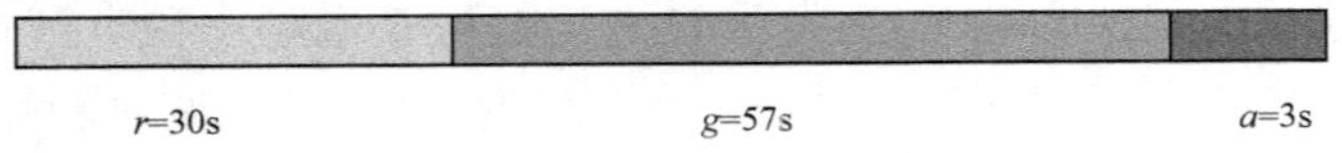

图 5-3　学府大道与三号门交叉口信号配时方案

渝南分流道—民主新街信号交叉口调查时间为 2018 年 5 月 21 日 9:30 ~ 13:30，共 4 个小时。视频拍摄点选择在该交叉口东南角的居民楼楼顶，拍摄视野范围同时包含进口道停车线和最大排队车辆所在位置上游（图 5-4、图 5-5）。

图 5-4　渝南分流道—民主新街交叉口在路网中的位置图

图 5-5　渝南分流道—民主新街交叉口断面位置及车道选择图

渝南分流道—民主新街信号交叉口调查时段的信号配时方案为：周期时长 $C = 110\text{s}$，北进口直行方向绿灯时长 $g = 37\text{s}$，红灯时长 $r = 66\text{s}$，黄灯时长 $a = 3\text{s}$，如图 5-6 所示。调查时段内大型车比例为 10.76%。

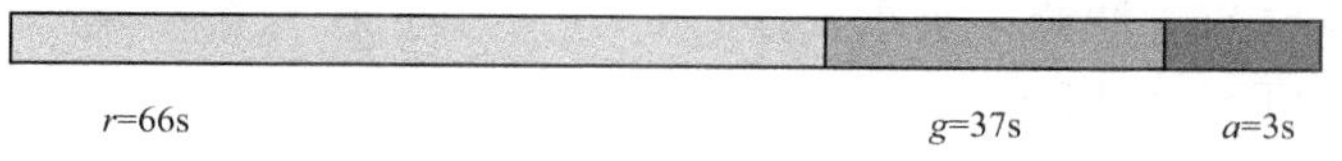

图 5-6　渝南分流道—民主新街交叉口北进口直行信号配时方案示意图

每周期第一辆车的停车及起动时间与进口道延误有密切的关系。本项目将第一辆车到达时间界定为红灯起亮与第一辆车进入进口道并在停止线前停止的时间差值。如图 5-2、图 5-5所示，虚线范围内的直行车道是本次的观测车道。

第一辆车到达时间的提取过程为：首先通过现场架设摄像机拍摄视频，视频同时拍摄到交叉口第一辆车到达及信号灯的灯色转换情况；接着通过人工对视频进行逐帧观测，根据观测车辆到达停止线停止时刻显示的红灯剩余时间值，红灯时长与红灯剩余值的差值即所需提取的第一辆车到达时间。

本次提取了学府大道与三号门交叉口 260 个周期和渝南分流道—民主新街 100 个周期的第一辆车到达时间数据。

选取交叉口的基本信息如表 5-1 所示。

交叉口基本信息　　表 5-1

类　别	学府大道与三号门交叉口	渝南分流道—民主新街交叉口
交叉口位置	重庆市南岸区	重庆市巴南区
调查进口道	北进口道	北进口道
调查车道	中间直行车道	左侧直行车道
直行车道数(个)	3	2

续上表

类　别	学府大道与三号门交叉口	渝南分流道—民主新街交叉口
调查周期数(个)	260	70
与上游交叉口距离(m)	约1000	约920
信号控制方式	单点固定配时	单点固定配时

5.1.2　第一辆车到达时间特征分析

所调查的学府大道与三号门的进口道与上游交叉口的间距约1000m，观测时段的进口道饱和度范围为0.43～0.8。通过人工观测得到第一辆车到达时间的有效周期为260个。到达时间分布统计量如表5-2所示。

学府大道与三号门交叉口第一辆车到达时间分布统计量　　表5-2

均值(s)	极大值(s)	极小值(s)
14.17	30	0

由表5-2可知，学府大道与三号门交叉口第一辆车到达的时间分布均值为14.17s，到达时间最大值为30s，最小为0，说明第一辆车平均到达时间为接近红灯时长的一半，最大到达时间为红灯即将结束的时间，车辆刚好到达停车线，而最小的时间对应的场景为红灯起亮的瞬间，车辆到达停车线并停车。

为了更清楚了解每周期第一辆车到达时间的分布特征，对第一辆车到达时间情况进行了拟合，拟合结果如图5-7所示。

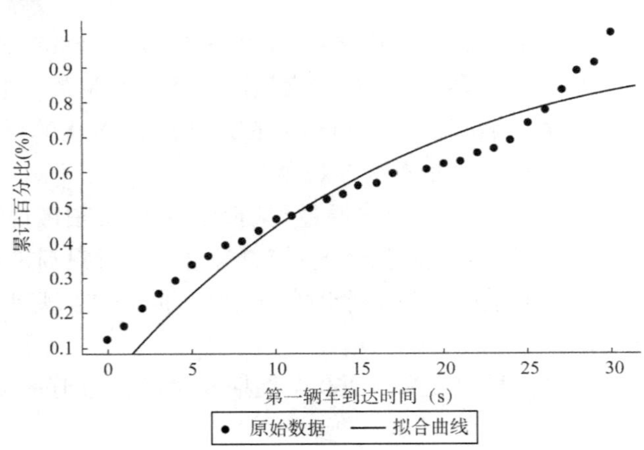

图5-7　学府大道与三号门交叉口第一辆车到达时间拟合结果

分布模型可以拟合为

$$f(x) = 1 - \exp\left(\frac{-x}{b}\right) \tag{5-1}$$

式中：$f(x)$——红灯起亮与第一辆车到达时间的差值小于或等于x的概率；

b——待估参数。

由上述提取的数据进行拟合，得到学府大道与三号门交叉口系数b的拟合结果为16.89，95%置信区间为(15.39，18.38)。拟合优度结果为0.07272，R^2为0.8917，表示拟合效果良好。

所调查的渝南分流道—民主新街信号交叉口的进口道与上游交叉口的间距约 920m，观测时段的进口道饱和度范围为 0.25 ~ 0.85。通过人工观测得到第一辆车到达时间的有效周期为 100 个。时间分布统计量如表 5-3 所示。

渝南分流道与民主新街交叉口第一辆车到达时间分布统计量　　表 5-3

均值(s)	极大值(s)	极小值(s)
24.11	65	1

由表 5-3 可知，渝南分流道与民主新街交叉口第一辆车到达的时间分布均值为 24.11s，到达时间最大值为 65s，最小为 1s，说明第一辆车平均到达时间为接近红灯时长的一半，最大到达时间为红灯即将结束的时间，车辆刚好到达停车线，而最小的时间对应的场景为红灯起亮后 1s，车辆到达停车线并停车。

为了更清楚了解每周期第一辆车到达时间的分布特征，对第一辆车到达时间情况进行了拟合，拟合结果如图 5-8 所示。

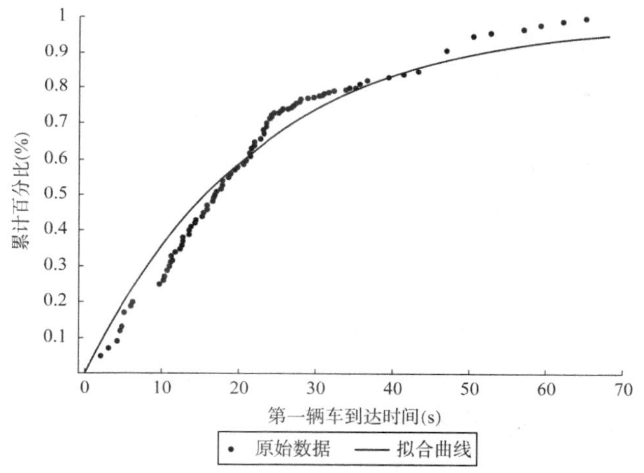

图 5-8　渝南分流道—民主新街交叉口第一辆车到达时间拟合结果

分布模型可以拟合为

$$f(x) = 1 - \exp\left(\frac{-x}{b}\right) \tag{5-2}$$

式中：$f(x)$——红灯启亮与第一辆车到达时间的差值小于或等于 x 的概率；

b——待估参数。

由上述提取的数据进行拟合，得到渝南分流道—民主新街交叉口系数 b 的拟合结果为 22.27，95% 置信区间(21.58，22.96)。拟合优度结果为 0.0495，R^2 为 0.9557。

5.2　第一辆车到达影响因素分析

5.2.1　延误影响因素分析

由于每周期第一辆车的停车及起动时间与进口道延误有密切的关系，所以在分析第一辆车到达影响因素之前先对延误影响因素进行分析。交叉口延误主要受以下几个方面因素影响,车辆到达分布类型、信号控制参数影响、绿灯损失时间和道路通行能力。下面对这4个方面进行详细的讨论。

(1)车辆到达分布类型

车辆到达分布类型与交叉口延误息息相关。在相同的道路条件、交通条件以及交通控制管理方式下,车辆到达交叉口的时刻不同,则其等待的时间是不一样的,甚至有的车辆可以畅通无阻地通过交叉口,不用排队。由平均控制延误的定义可知:车辆总等待时间的减少意味着车辆通过道路交叉口的控制延误相应地减少。要是干线交叉口之间采用协调控制,车辆到达的随机性因受到信号灯的控制作用而降低,此时,车辆是成队列到达,车辆的延误相应地得到降低。车辆到达情况与交叉口延误息息相关,分析车辆到达情况有利于交叉口延误分析。

早期专家学者提出的延误模型一般是基于车辆到达服从一定分布的假设,服从的分布不同,延误模型也不同。因此,分析车辆到达分布特征有助于延误模型的构建。

(2)信号控制参数设置

交叉口信号控制方案不同会导致不同的交通状况。当信号周期时长太短而不能满足交叉口车辆通行需求时,会出现排队溢出的情况,车辆延误增加;不同流向的车辆在通过交叉口时产生冲突常常是因为信号相位设置不合理,既不安全又增加车辆延误;信号周期时长过长导致某一方向绿灯期间没有车辆通过交叉口,而另一方向车辆得不到应有的通行权,这就导致了绿灯时间得不到合理的利用,车辆延误增加,交叉口通行能力下降。这就要求合理地进行信号方案设计以减少车辆延误、提高通行效率以及保证交叉口的安全。

(3)道路通行能力

交叉口通行能力指交叉口各进口道单位时间内可以通过的车辆数之和。影响交叉口通行能力的因素有:

①道路条件,指的是道路状况及几何线形等。例如车道数量和宽度、道路的侧向净空、设计时速等。

②交通条件,指交通流的构成、交通量的大小等,例如车型比例。

③车辆特性,指车辆的加—减速特性、车辆长度等。

④环境因素,非机动车和行人过多会导致交叉口通行能力的下降,交叉口的位置选择要考虑这一因素。

⑤气候因素,一般情况下大雾、雨雪等天气会导致通行能力降低。

(4)绿灯损失时间

车辆无法利用的绿灯时间为绿灯损失时间,这一时间包括前损失时间和后损失时间。绿灯时间结束前一部分时间用来清空交叉口内部的车辆,保证道路交通的安全,此时,无车辆进入交叉口,这段时间称为后损失时间(也称为清尾损失时间);绿灯起亮时,排队车辆无法立刻以正常速度离开交叉口,车辆起动加速时间为起动损失时间(前损失时间)。明确绿灯期间的损失时间有利于车辆延误计算。

我国由于大量非机动车和行人的存在,需要特别设置非机动车和行人的通行相位。非机动车和行人具有穿行随意、速度慢、经常占用冲突区等特点,有时在其通行时间内不能通过交叉口，导致通行权转换至交叉口车辆时这些车辆必须减速慢行或停车让行，造成车辆延误。

道路混合交通流中各类车辆相互干扰（公共交通的干扰）、路内停车导致车道变窄及驾驶员不良的驾驶习惯等诸多因素对车辆的绿灯损失时间都有影响。

5.2.2　正交试验设计

影响信号交叉口车辆到达的因素很多，为了分析各因素影响车辆到达的程度，必须全方位的试验安排。若将各影响因素一一进行试验分析，这个过程所耗费的工作量是巨大的，所以要找到既能简化试验方案又不改变试验结果的最佳方法，正交试验可以满足这些需求。

1）正交试验的产生和发展

正交试验于第二次世界大战后产生，用正交表安排试验方案的方法是试验设计的一次创新。20 世纪 50 年代以来，我国也开始研究正交试验设计，正交试验设计研究实现了从无到有的突破。

正交试验法凭借能够以少量试验次数获取高质量试验结果的优点，受到广大研究者的关注，越来越多的研究人员应用正交试验来设计试验方案。作为正交试验设计必不可少的工具，正交表使试验具有分散性和整齐可比性。分析正交表的试验结果可以确定各个因素的影响程度，还可以结合方差分析法进行进一步的分析。

2）正交试验表设计

以下为正交试验表设计步骤：

（1）试验影响因素的确定。分析试验目的，通过对照现有研究结果，从中确定会对结果产生影响的因素以及这些因素的水平。

（2）正交表的选定。正交表的确定原则为：行数等于确定的水平数，列数大于或等于试验影响因素的个数。标准的正交表可参照常用正交表。

（3）表头设计。如果试验影响因素间不存在交互作用，正交表列的位置为试验影响因素，正交表行的位置为每一个因素的水平。存在交互作用的时候交互作用占正交表的列数是一定的，不能任意改动，交互作用的列所在的位置可以通过查询表格的方式确定。

3）正交试验因素水平选取方案

每个试验所要达成的目标不同，且进行试验的环境也不同。如果把所有可能对试验结果造成影响的因素进行试验，工作量太大难以实现。所以正交试验因素的选取原则是选择对试验结果有较大影响的因素以减少试验次数、确保试验结果的可靠性。除此之外，当改变一些因素水平但是试验结果变化不大时，还需注意当同时改变这些因素与其他因素时，试验结果的变化情况。如果试验结果变化大，说明这些因素之间有交互作用，那么在进行试验时，就要将这样的因素考虑进来，结论才更加可信。如果选取试验因素时没有考虑上述这些因素，那么一旦这些因素变化，会在很大程度上改变试验结果。所以为了确保试验的有效性，在进行试验设计时应该考虑周全，对影响较大的全部因素都需进行试验。因素的选取不是越多越好，要充分考虑客观事物的规律、试验目的以及实际情况。

选择适当的水平也是正交试验设计的重要过程。试验水平考察的是改变量的大小从而对结果产生的影响，水平与试验次数成正比。水平的选取合适与否决定着正交试验是否能取得比全面试验更好的试验结果，因此在选取水平时应当切记，水平不能太靠近，否则无法考究因水平变化而造成的结果的变化。

因此,选择因素和水平时,最应该注意的就是现实可行性。

4)正交试验的优点

正交试验能够以较少的试验次数来获取较好的试验结果。下面通过对比三因素三水平的全面试验方案与正交试验方案来分析正交试验有何优势。

全面试验方案如表5-4所示,由表可知试验次数共为$3^3=27$次。

3^3 全面试验方案 表5-4

类别		C_1	C_2	C_3
A_1	B_1	$A_1B_1C_1$	$A_1B_1C_2$	$A_1B_1C_3$
	B_2	$A_1B_2C_1$	$A_1B_2C_2$	$A_1B_2C_3$
	B_3	$A_1B_3C_1$	$A_1B_3C_2$	$A_1B_3C_3$
A_2	B_1	$A_2B_1C_1$	$A_2B_1C_2$	$A_2B_1C_3$
	B_2	$A_2B_2C_1$	$A_2B_2C_2$	$A_2B_2C_3$
	B_3	$A_2B_3C_1$	$A_2B_3C_2$	$A_2B_3C_3$
A_3	B_1	$A_3B_1C_1$	$A_3B_1C_2$	$A_3B_1C_3$
	B_2	$A_3B_2C_1$	$A_3B_2C_2$	$A_3B_2C_3$
	B_3	$A_3B_3C_1$	$A_3B_3C_2$	$A_3B_3C_3$

为了更直观地展示全面试验,用具有27个节点的立方体来表示,如图5-9所示。

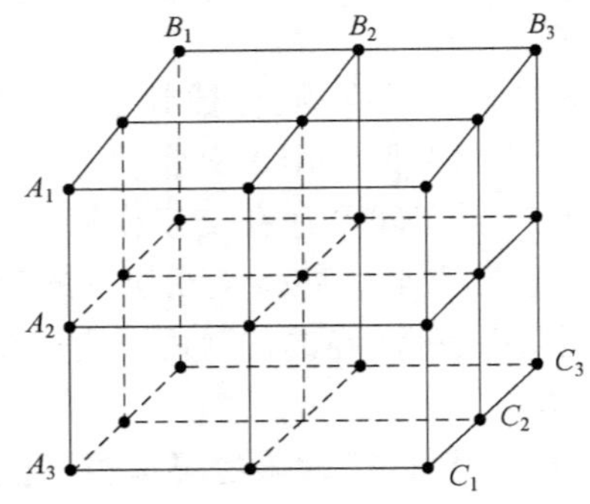

图5-9 全面试验方案试验点分布图

图5-9中的节点即为全面试验的27种水平组合。

而采用正交试验进行方案设计时,就可以选用$L_9(3^4)$正交表,如表5-5所示。

正交表 $L_9(3^4)$ 表5-5

试验号/列号	1	2	3	4
1	1	1	1	1
2	1	2	2	2
3	1	3	3	3
4	2	1	2	3
5	2	2	3	1

续上表

试验号/列号	1	2	3	4
6	2	3	1	2
7	3	1	3	2
8	3	2	1	3
9	3	3	2	1

选其中 3 列确定好的三个因素，只要进行 9 次试验就取得与 27 次试验同样好的结果。将正交表中列号下面的 1、2、3 对应选定的因素的三个水平，那么正交表中对应的 9 组试验用因素 A、B、C 表示就为：

①$A_1B_1C_1$；②$A_1B_2C_2$；③$A_1B_3C_3$；④$A_2B_1C_2$；⑤$A_2B_2C_3$；⑥$A_2B_3C_1$；⑦$A_3B_1C_3$；⑧$A_3B_2C_1$；⑨$A_3B_3C_2$。

如图 5-10 所示，正交表的 9 个试验展示在正方体上。

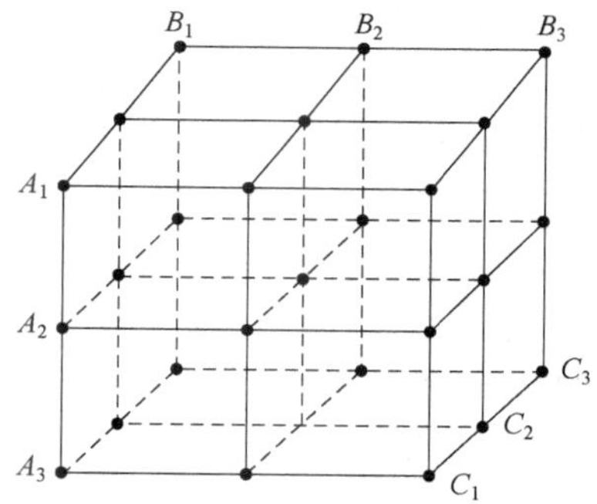

图 5-10　用 $L_9(3^4)$ 正交表安排试验点分布图

通过对比图 5-9 与图 5-10，可以得出正交试验的立方体上：

①每面有 3 个点；

②每条线有 1 个点。

以上结果说明，各因素水平分别进行了 3 次试验，水平搭配合理。从而更加突出正交试验能够均衡因素和水平组合的优点。得益于这 9 组试验分布的均匀和巧妙，研究可以达到以较少的试验次数来替代全面试验的结果，且能够根据这些试验结果分析出每个因素水平的情况。

这 9 次试验中包含水平 A_1、A_2 和 A_3 的分别有 3 个。试验组合方案为：

$$A_1\begin{cases}B_1 & C_1\\ B_2 & C_2\\ B_3 & C_3\end{cases}\qquad A_2\begin{cases}B_1 & C_2\\ B_2 & C_3\\ B_3 & C_1\end{cases}\qquad A_3\begin{cases}B_1 & C_3\\ B_2 & C_1\\ B_3 & C_2\end{cases}$$

每个因素 A 的 3 个水平分别与 B、C 的 3 个水平组合一次。则对在相同水平的因素 A 的每次试验结果求和或求平均值互相比较可知，利用因素 A 的同一水平导致的试验结果之和，或平均值来进行比较时，因素 B、C 水平的改变不会影响试验结果，从而得知试验结果差异是因素 A 水平变化引起的。同理，可以此考察 B、C 水平差异而导致的试验结果差异。

通过以上对三因素三水平的全面试验方案和正交试验方案的对比分析，可以总结出正交试验有以下优点：

①正交试验能够挑选出具有代表性的试验方案，大大减少试验次数；

②对筛选出的试验方案进行统计分析，合理地推算出较优秀的试验方案；

③结合数学统计方法进一步分析试验因素对试验结果的影响程度以及趋势，有利于后续试验的进行。

基于此，本项目选用正交试验对第一辆车到达影响因素进行试验方案设计。

5）正交试验设计过程

结合现场的观测及车辆在上下游交叉口间行驶特征的分析，参考相关研究等，信号交叉口与上游交叉口采用协调控制以及上下游交叉口间车辆行驶的速度主要对信号交叉口不同信号期间的车辆到达类型等产生影响；而上游交叉口的形式等其他因素的影响可以化解为下游进口道的饱和度、车辆到达类型等因素。考虑到上游及其他方向大型车混入情况、交叉口距离等均可能会对第一辆车的到达时间产生影响。综合3.2节中延误影响因素的分析与上述分析，项目主要考虑了车辆到达类型、交叉口间距、进口道饱和度、饱和流量、绿信比以及大型车比例等因素对第一辆车到达分布的影响。具体因素的设置情况为：

（1）车辆到达类型。对于车辆到达类型，参考相关研究可将车辆的到达类型分为5类，分别为：①80%以上的车辆在红灯期间到达；②有40%～80%的车辆在红灯期间到达；③随机到达，即该交叉口不受其他交叉口干扰；④有40%～80%的车辆在绿灯期间到达；⑤有超过80%的车辆在绿灯期间到达。本次分析也选取这5类作为车辆到达类型的分析水平。

（2）交叉口间距。交叉口间距对上游车辆行驶的离散性有较大的影响，如车辆成队列到达或者随机到达。参考相关的研究成果，项目研究中对于交叉口间距的选择区段分别为150～300m、300～450m、450～600m、600～800m、大于800m 5个等级。

（3）进口道饱和度。进口道饱和度与交叉口延误之间有着较紧密的关系，且可能会影响第一辆车的到达的情况。结合交通场景中的低饱和度、中等饱和、接近饱和以及过饱和，来考虑水平的分析情况，研究中将进口道饱和度分为5级，分别为饱和度小于0.25、[0.25,0.5)、[0.5,0.75)、[0.75,1)、大于或等于1的情况。

（4）饱和流量。饱和流量能够反映道路的通行能力，将直接影响饱和度的大小，进而会对第一辆车的到达情况产生影响。参考相关书籍及规范，将饱和流量（pcu/h）分为以下5级：1500、1600、1650、1750、1800。

（5）绿信比。绿信比决定着车辆的通行权，也会对第一辆车的到达情况产生影响。参考Piotr等的研究结果，将绿信比分为以下5级：0.2、0.3、0.4、0.5、0.6。

（6）大型车比例。大型车比例的增加会对交叉口的交通产生较大的影响，因为大型车体型巨大、操作困难，一般速度低，对道路时间上和空间上的消耗较大，对第一辆车的到达情况也可能会产生影响。结合目前城市道路的实际情况，对于大型车比例分为小于或等于5%，5%～10%，10%～25%，25%～40%，40%以上。

如果对选取的六因素五水平进行全面试验，试验次数多达15625次，这个过程将耗费过多的时间。当以上六个因素之间存在交互作用时，试验结果的有效性无法得到保证。正交试验能够以较少的试验次数获取可靠的试验结果。因此，对各种情况下的第一辆车到达时间进行分析，使用正交试验来优化试验方案的设置。在对正交试验做方差分析时，必须估计随机误差，而随机是通过正交表上空白列得到的。由于空白列中没有因素作用，因此做正交试验方差分析时，正交表的表头必须留下空白列，以确定随机误差引起的离差平方和。为了方便进行正交试验方差分析，增加一列空白列，此次共设置 50 种试验方案，如表 5-6 所示。

正交试验设计表　　表 5-6

因素	1	2	3	4	5	6	7
	大型车比例（%）	饱和流量（pcu/h）	车辆到达类型	交叉口间距（m）	饱和度	绿信比	空白列
试验 1	≤5	1500	1	150 ~ 300	<0.25	0.2	1
试验 2	≤5	1600	2	300 ~ 450	0.25 ~ 0.5	0.3	2
试验 3	≤5	1650	3	450 ~ 600	0.5 ~ 0.75	0.4	3
试验 4	≤5	1750	4	600 ~ 800	0.75 ~ 1	0.5	4
试验 5	≤5	1800	5	800	≥1	0.6	5
试验 6	5 ~ 10	1500	2	450 ~ 600	0.75 ~ 1	0.6	1
试验 7	5 ~ 10	1600	3	600 ~ 800	≥1	0.2	2
试验 8	5 ~ 10	1650	4	800	<0.25	0.3	3
试验 9	5 ~ 10	1750	5	150 ~ 300	0.25 ~ 0.5	0.4	4
试验 10	5 ~ 10	1800	1	300 ~ 450	0.5 ~ 0.75	0.5	5
试验 11	10 ~ 25	1500	3	800	0.25 ~ 0.5	0.5	4
试验 12	10 ~ 25	1600	4	150 ~ 300	0.5 ~ 0.75	0.6	5
试验 13	10 ~ 25	1650	5	300 ~ 450	0.75 ~ 1	0.2	1
试验 14	10 ~ 25	1750	1	450 ~ 600	≥1	0.3	2
试验 15	10 ~ 25	1800	2	600 ~ 800	<0.25	0.4	3
试验 16	25 ~ 40	1500	4	300 ~ 450	≥1	0.4	5
试验 17	25 ~ 40	1600	5	450 ~ 600	<0.25	0.5	1
试验 18	25 ~ 40	1650	1	600 ~ 800	0.25 ~ 0.5	0.6	2
试验 19	25 ~ 40	1750	2	800	0.5 ~ 0.75	0.2	3
试验 20	25 ~ 40	1800	3	150 ~ 300	0.75 ~ 1	0.3	4
试验 21	>40	1500	5	600 ~ 800	0.5 ~ 0.75	0.3	4
试验 22	>40	1600	1	800	0.75 ~ 1	0.4	5
试验 23	>40	1650	2	150 ~ 300	≥1	0.5	1
试验 24	>40	1750	3	300 ~ 450	<0.25	0.6	2
试验 25	>40	1800	4	450 ~ 600	0.25 ~ 0.5	0.2	3
试验 26	≤5	1500	1	600 ~ 800	≥1	0.5	3
试验 27	≤5	1600	2	800	<0.25	0.6	4
试验 28	≤5	1650	3	150 ~ 300	0.25 ~ 0.5	0.2	5
试验 29	≤5	1750	4	300 ~ 450	0.5 ~ 0.75	0.3	1
试验 30	5	1800	5	450 ~ 600	0.75 ~ 1	0.4	2
试验 31	5 ~ 10	1500	2	150 ~ 300	0.5 ~ 0.75	0.4	2
试验 32	5 ~ 10	1600	3	300 ~ 450	0.75 ~ 1	0.5	3
试验 33	5 ~ 10	1650	4	450 ~ 600	≥1	0.6	4
试验 34	5 ~ 10	1750	5	600 ~ 800	<0.25	0.2	5
试验 35	5 ~ 10	1800	1	800	0.25 ~ 0.5	0.3	1
试验 36	10 ~ 25	1500	3	450 ~ 600	<0.25	0.3	5
试验 37	10 ~ 25	1600	4	600 ~ 800	0.25 ~ 0.5	0.4	1

续上表

因素	1	2	3	4	5	6	7
	大型车比例（%）	饱和流量（pcu/h）	车辆到达类型	交叉口间距（m）	饱和度	绿信比	空白列
试验 38	10 ~ 25	1650	5	800	0.5 ~ 0.75	0.5	2
试验 39	10 ~ 25	1750	1	150 ~ 300	0.75 ~ 1	0.6	3
试验 40	10 ~ 25	1800	2	300 ~ 450	≥1	0.2	4
试验 41	25 ~ 40	1500	4	800	0.75 ~ 1	0.2	2
试验 42	25 ~ 40	1600	5	150 ~ 300	≥1	0.3	3
试验 43	25 ~ 40	1650	1	300 ~ 450	<0.25	0.4	4
试验 44	25 ~ 40	1750	2	450 ~ 600	0.25 ~ 0.5	0.5	5
试验 45	25 ~ 40	1800	3	600 ~ 800	0.5 ~ 0.75	0.6	1
试验 46	>40	1500	5	300 ~ 450	0.25 ~ 0.5	0.6	3
试验 47	>40	1600	1	450 ~ 600	0.5 ~ 0.75	0.2	4
试验 48	>40	1650	2	600 ~ 800	0.75 ~ 1	0.3	5
试验 49	>40	1750	3	800	≥1	0.4	1
试验 50	>40	1800	4	150 ~ 300	<0.25	0.5	2

5.2.3 VISSIM 仿真过程

为了对各种因素影响下的第一辆车到达时间分布进行分析，鉴于实际数据获取的场景较难实现，研究中通过构筑仿真平台对第一辆车的到达分布影响因素进行了分析。研究以实际调查的学府大道与三号门信号交叉口调查得到的大型车及小型车车辆速度作为标定数据，在微观仿真软件 VISSIM 中构筑了上述 50 种试验场景。构建的部分仿真场景如图 5-11 所示。

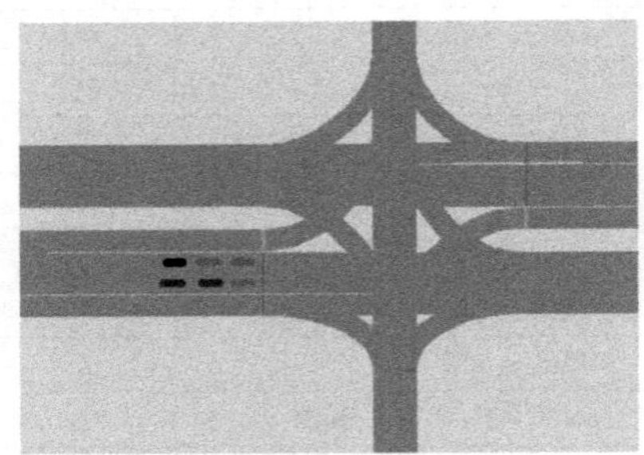

a) 正交试验的试验1

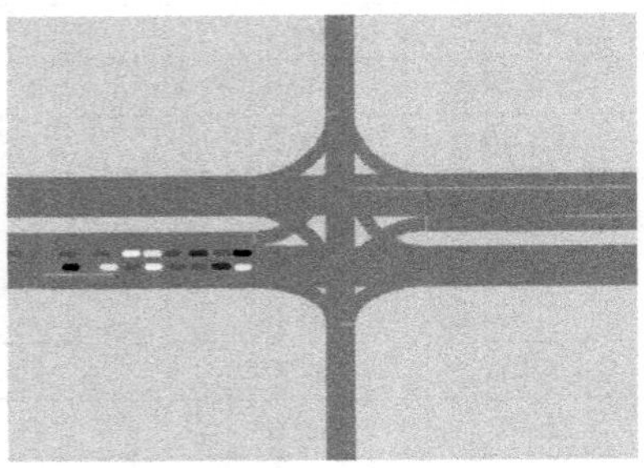

b) 正交试验的试验4

c) 正交试验的试验13

图 5-11　部分仿真试验场景构筑界面

如图 5-11 所示，通过构筑仿真场景，提取车辆的运行轨迹和信号控制周期，即可得出所要分析的第一辆车的到达情况。

5.2.4　仿真结果

采用正交试验分析法对仿真软件构建的上述 50 个试验场景下的第一辆车到达时间进行分析，计算这 50 种试验场景下的第一辆车到达时间参数。

1）直观分析

正交试验直观分析过程如下：假设 K_{ij} 是第 j 列因素第 i 水平下的全部试验结果之和，ω_{ij} 为第 j 列因素第 i 水平的试验指标的平均值，$\omega_{ij} = K_{ij} \div 4$；$R_j$ 为极差，即 ω_{ij} 中的最大值减最小值，$R_j = (\omega_{ij})\max - (\omega_{ij})\min$。

所得到的 25 种试验场景下，红灯期间到达信号交叉口第一辆车到达时间及不同影响因素在各个水平下的第一辆车到达时间的结果分析，如表 5-7 所示。

正交场景下的第一辆车到达时间结果直观分析　　表 5-7

因素	大型车比例（%）	饱和流量（pcu/h）	车辆到达类型	交叉口间距（m）	饱和度	绿信比	正交试验结果（s）
试验 1	≤5	1500	1	150～300	< 0.25	0.2	15.533
试验 2	≤5	1600	2	300～450	0.25～0.5	0.3	10.313
试验 3	≤5	1650	3	450～600	0.5～0.75	0.4	5.973
试验 4	≤5	1750	4	600～800	0.75～1	0.5	7.171
试验 5	≤5	1800	5	800	≥1	0.6	8.3
试验 6	5～10	1500	2	450～600	0.75～1	0.6	6.421
试验 7	5～10	1600	3	600～800	≥1	0.2	4.2
试验 8	5～10	1650	4	800	< 0.25	0.3	21.333
试验 9	5～10	1750	5	150～300	0.25～0.5	0.4	14.761
试验 10	5～10	1800	1	300～450	0.5～0.75	0.5	6.386
试验 11	10～25	1500	3	800	0.25～0.5	0.5	9.665
试验 12	10～25	1600	4	150～300	0.5～0.75	0.6	6.931
试验 13	10～25	1650	5	300～450	0.75～1	0.2	8.417
试验 14	10～25	1750	1	450～600	≥1	0.3	7.16
试验 15	10～25	1800	2	600～800	< 0.25	0.4	15.407
试验 16	25～40	1500	4	300～450	≥1	0.4	5.692
试验 17	25～40	1600	5	450～600	< 0.25	0.5	18.637
试验 18	25～40	1650	1	600～800	0.25～0.5	0.6	8.027
试验 19	25～40	1750	2	800	0.5～0.75	0.2	8.567
试验 20	25～40	1800	3	150～300	0.75～1	0.4	6.979
试验 21	> 40	1500	5	600～800	0.5～0.75	0.3	6.089
试验 22	> 40	1600	1	800	0.75～1	0.4	10.32

续上表

因素	大型车比例(%)	饱和流量(pcu/h)	车辆到达类型	交叉口间距(m)	饱和度	绿信比	正交试验结果(s)
试验 23	> 40	1650	2	150 ~ 300	≥1	0.5	6.917
试验 24	> 40	1750	3	300 ~ 450	< 0.25	0.6	11.469
试验 25	> 40	1800	4	450 ~ 600	0.25 ~ 0.5	0.2	19.86
试验 26	≤5	1500	1	600 – 800	≥1	0.5	6.28
试验 27	≤5	1600	2	800	< 0.25	0.6	11.407
试验 28	≤5	1650	3	150 – 300	0.25 ~ 0.5	0.2	7.415
试验 29	≤5	1750	4	300 ~ 450	0.5 ~ 0.75	0.3	7.182
试验 30	≤5	1800	5	450 ~ 600	0.75 ~ 1	0.4	6.19
试验 31	5 ~ 10	1500	2	150 ~ 300	0.5 ~ 0.75	0.4	6.407
试验 32	5 ~ 10	1600	3	300 ~ 450	0.75 ~ 1	0.5	6.415
试验 33	5 ~ 10	1650	4	450 ~ 600	≥1	0.6	5.975
试验 34	5 ~ 10	1750	5	600 ~ 800	< 0.25	0.2	28.225
试验 35	5 ~ 10	1800	1	800	0.25 ~ 0.5	0.3	7.643
试验 36	10 ~ 25	1500	3	450 ~ 600	< 0.25	0.3	20.543
试验 37	10 ~ 25	1600	4	600 ~ 800	0.25 ~ 0.5	0.4	8.762
试验 38	10 ~ 25	1650	5	800	0.5 ~ 0.75	0.5	6.63
试验 39	10 ~ 25	1750	1	150 ~ 300	0.75 ~ 1	0.6	7.689
试验 40	10 ~ 25	1800	2	300 ~ 450	≥1	0.2	8.489
试验 41	25 ~ 40	1500	4	800	0.75 ~ 1	0.2	5.6
试验 42	25 ~ 40	1600	5	150 ~ 300	≥1	0.3	6.356
试验 43	25 ~ 40	1650	1	300 ~ 450	< 0.25	0.4	14.615
试验 44	25 ~ 40	1750	2	450 ~ 600	0.25 ~ 0.5	0.5	10.096
试验 45	25 ~ 40	1800	3	600 ~ 800	0.5 ~ 0.75	0.6	6.296
试验 46	> 40	1500	5	300 ~ 450	0.25 ~ 0.5	0.6	16.452
试验 47	> 40	1600	1	450 ~ 600	0.5 ~ 0.75	0.2	6.689
试验 48	> 40	1650	2	600 ~ 800	0.75 ~ 1	0.3	6.88
试验 49	> 40	1750	3	800	≥1	0.4	5.867
试验 50	> 40	1800	4	150 ~ 300	< 0.25	0.5	13.052
均值 1(s)	9.602	9.868	9.034	9.158	17.262	11.52	—
均值 2(s)	10.838	9.003	9.09	9.543	11.28	10.048	—
均值 3(s)	9.969	9.199	8.463	10.732	6.715	9.377	—
均值 4(s)	9.087	11.058	10.156	9.973	7.185	9.125	—
均值 5(s)	10.359	9.837	12.222	9.533	6.524	8.897	—
极差(s)	1.751	2.055	3.759	1.547	10.738	2.623	—

由表 5-7 最后一行可以看出,各因素中极值大小的分布为:R 饱和度 > R 车辆到达类型 > R 绿信比 > R 饱和流量 > R 大型车比例 > R 交叉口间距,表明饱和度对交叉口第一辆车到达的影响最大,大型车比例对交叉口第一辆车到达的影响程度最小。上述 6 种因素对第一辆车到达的影响程度排序为:饱和度 > 车辆到达类型 > 绿信比 > 饱和流量 > 大型车比例 > 交叉口间距。

图 5-12 所示为部分仿真试验场景构筑界面,图中的曲线表示各影响因素在上述 5 个水平下的试验指标——第一辆车到达时间的平均值。由图 5-12 中各曲线的上升及转折情况可以看出,大型车比例从 5% 以下增加到 5% ~10% 的时候第一辆车到达时间有所增加,从 5% ~10% 增加到 25% ~40% 的时候第一辆车到达时间减少,从 25% ~40% 增加到 40% 以上时,第一辆车到达时间增加;饱和流量从 1500 pcu/h 增加到 1600 pcu/h,第一辆车到达时间有所减少,从 1600pcu/h 增加到 1750pcu/h,第一辆车到达时间呈上升趋势;车辆到达类型为 3,即随机到达时第一辆车到达时间最小,车辆到达类型为 5,即有 40 % ~80 % 在绿灯期间到达交叉口时,第一辆车到达时间最大;交叉口间距对第一辆车到达时间影响较为显著,但是没有一定规律;饱和度从 0.25 以下增加到 0.5 ~0.75 时,第一辆车到达时间明显减少,从 0.5 ~0.75 增加到 0.75 ~1 时,第一辆车到达时间稍微增加,从 0.75 ~1 增加到 1 以上时,第一辆车到达时间稍微减少,从而可以看出,饱和度对第一辆车到达时间有显著影响;绿信比从 0.2 增加到 0.6 时,第一辆车到达时间呈递减状。

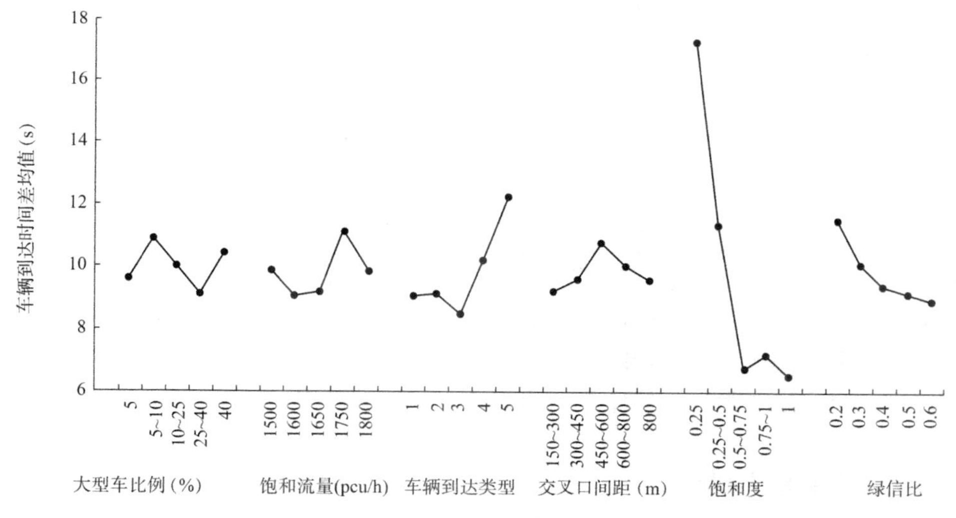

图 5-12　部分仿真试验场景构筑界面

由于饱和流量和饱和度之间存在交互作用,使用交互作用表进行分析,结果如表 5-8 所示。

饱和流量和饱和度交互作用　　表 5-8

饱和度	饱和流量(pcu/h)				
	1500	1600	1650	1750	1800
0.25	15.533	18.637	21.333	11.469	15.407
0.25 ~0.5	9.665	10.313	8.027	14.761	19.860

续上表

饱和度	饱和流量(pcu/h)				
	1500	1600	1650	1750	1800
0.5 ~ 0.75	6.089	6.931	5.973	8.567	6.386
0.75 ~ 0.1	6.421	10.320	8.417	7.171	6.979
1	5.692	4.200	6.917	7.160	8.300

注:表内的值为交互作用的数值。

由表5-8可以看出,在饱和流量为1650pcu/h,且饱和度为0.25时,交互作用最大。说明在饱和流量为1650pcu/h,且饱和度为0.25时,对第一车到达时间的影响程度最高。

2)方差分析

正交试验的直观分析方法简便、直观、计算量小,但不能估计试验误差,即不能区分试验结果的差异是由各因素的水平变化所致,还是由试验的随机波动所致。所以采用方差分析进行补充。方差分析结果如表5-9所示。

正交场景下的第一辆车到达时间结果方差分析 表5-9

方差来源	离差平方和	自由度	均方差	F值	P值
大型车比例	32.910	4	8.227	0.975	0.442
饱和流量	20.090	4	5.022	0.595	0.670
车辆到达类型	78.075	4	19.519	2.312	0.091
交叉口间距	13.970	4	3.492	0.414	0.797
饱和度	813.656	4	203.414	24.095	0.000
绿信比	37.314	4	9.328	1.105	0.380
误差	177.285	21	8.442		

由表5-9可知,上述6个因素对第一辆车到达的影响程度排序为:饱和度 > 车辆到达类型 > 绿信比 > 饱和流量 > 大型车比例 > 交叉口间距。饱和度的 P 值 <0.01,表示因素对试验结果有显著影响;车辆到达类型的 P 值 <0.1,表示因素对试验结果有一定影响;大型车比例、饱和流量、交叉口间距及绿信比对试验结果没有显著影响。

5.3 预测理论基础

5.3.1 小波理论

1)小波定义

小波的定义为对给定函数局部化的函数,小波可以由一个定义在有限区间的函数 $\psi(x)$ 构成,$\psi(x)$ 称为母小波或基本小波。缩放和平移基本小波 $\psi(x)$ 可以得到一组小波基函数 $\{\psi_{a,b}(x)\}$。

$$\psi_{a,b}(x) = \left|\frac{1}{\sqrt{a}}\right|\psi\left(\frac{x-b}{a}\right) \tag{5-3}$$

式中：a——缩放参数，反映指定基函数的宽度(或尺度)；

b——平移参数，指定沿 x 轴平移的距离。

2)小波理论的分析方法

(1)小波分析的基本理论

在研究非平稳信号的过程中，傅里叶变换提出后不久又相继提出短时傅里叶变换、Gabor变换、时频分析、小波变换以及调频小波变换等。

短时傅里叶变换是一种单一分辨率的信号分析方法，通过时间窗内的一段信号来表示某一时刻的信号特征。在短时傅里叶变换中，时间分辨率和频率分辨率之间不能兼顾，此时应当根据具体需求做出取舍。

当窗函数取为高斯窗时，短时傅里叶变换就是 Gabor 变换。Gabor 变换的窗口函数是固定的，视频窗口的形状也是保持不变的，频率域窗口宽度是不存在内在联系的，由此可知，Gabor 变换实质是单一分辨率的分析。Gabor 变换可以达到时频局部化，它可以同时提供时域和频域局部化信息。小波变换继承和发展了 Gabor 变换的局部化思想，同时克服了它的一些缺陷。小波变换给出了一个可以调节的时频窗口，窗口的宽度随频率而变化，频率增高时时间窗口的宽度自动变窄，达到提高分辨率的效果，解决了以上讨论的时间分辨率和频率分辨率之间的矛盾。

(2)连续小波变换

在小波分析中，函数空间 $L^2(R)$ 为 R 上平方可积函数组成的函数空间，即

$$f(t) \in L^2(R) \Leftrightarrow \int_R |f(t)|^2 \mathrm{d}t < +\infty \tag{5-4}$$

若 $f(t) \in L^2(R)$，则称 $f(t)$ 为能量有限的信号。$L^2(R)$ 也常称为能量有限的信号空间。

当 $\psi(t) \in L^2(R)$，其傅里叶变换为 $\hat{\psi}(\omega)$，满足容许条件

$$C_\psi = \int_{-\infty}^{+\infty} |\omega|^{-1} |\hat{\psi}(\omega)|^{-2} \mathrm{d}\omega < \infty \tag{5-5}$$

说明 C_ψ 有界，这时 ψ 表示一个基小波或母小波，式(5-6)中的小波序列 $\psi_{a,b}(t)$ 是由 ψ 伸缩和平移得到

$$\psi_{a,b}(t) = |a|^{-1/2} \psi\left(\frac{x-b}{a}\right) \tag{5-6}$$

式(5-6)中 $a,b \in R$，a 和 b 的含义同上。

$$(W_\psi f)(a,b) = \langle f, \psi_{a,b} \rangle = |a|^{-1/2} \int_{-\infty}^{+\infty} f(t)\, \overline{\psi\left(\frac{t-b}{a}\right)} \mathrm{d}t \tag{5-7}$$

式(5-7)为基小波 ψ 的连续小波变换，$\bar{\psi}$ 为 ψ 的共轭运算，为了实现对信号的时频特性分析，小波变换将一维信号转化成二维信号。

$$f(t) = \frac{1}{C_\psi} \int_{-\infty}^{-\infty} \int_{-\infty}^{+\infty} \left[(W_\psi f)(a,b) \right] \psi_{a,b}(x) \frac{\mathrm{d}a}{a^2} \mathrm{d}b \tag{5-8}$$

式(5-8)对小波进行逆变换，将二维信号还原为一维信号。由小波的容许性可知，基小波 $\psi(t)$ 是一个振荡且能量有限的函数，且在时域上衰减的速度很快，由此可得：

$$\int_{-\infty}^{+\infty} \psi(t) \mathrm{d}t = 0 \tag{5-9}$$

即 $\hat{\psi}(0) = 0$ 。连续小波变换的过程为:先选择小波函数及尺度 a 值,其次从信号的起始位置开始,将小波函数和信号进行比较,即计算小波系数,再沿时间轴移动小波函数,即改变 b 值,在新的位置计算小波系数直到信号终点。

3)离散小波变换(DWT)

连续小波变换是尺度可连续取值的小波,即 a 和 b 的取值都是连续的,但在处理实际问题时,数据通常是离散的,即离散小波变换(DWT)。连续小波变换中的 a 和 b 经离散得到离散小波变换。

一般有以下关系: $a = a_0^m, b = nb_0a_0^m, m,n \in Z$ 。

将其代入式(5-10)可以得到

$$\psi_{m,n}(t) = |a_0|^{-m/2}\psi(a_0^{-m}t - nb_0), m,m \in z \tag{5-10}$$

此时的小波函数已经离散化。其离散小波变化可表示为

$$(W_{\psi}f)(a,b) = \langle f,\psi_{a,b}\rangle = |a_0|^{-m/2}\int_{-\infty}^{+\infty}f(t)\,\overline{\psi(a_0^{-m}t - nb_0)}\mathrm{d}t \tag{5-11}$$

令 $a_0 = 2, b_0 = 1$,式(5-12)中 $\psi_{m,n}(t)$ 即为二进小波

$$\psi_{m,n}(t) = 2^{-m/2}\psi(2^{-m}t - n), m,m \in z \tag{5-12}$$

采用正交的小波函数进行计算能够使计算结果更理想,其计算公式如式(5-13)。

$$\langle\psi_{m,n},\psi_{j,k}\rangle = \int_{-\infty}^{+\infty}\psi_{m,n}(t)\,\overline{\psi_{j,k}(t)}\mathrm{d}t = \delta_{m,j}\delta_{n,k} \tag{5-13}$$

经证明,连续小波转换成离散小波变换的过程中,不会发生基本信息丢失或改变的情况。这是因为正交的小波基函数的小波空间中不存在两点之间相互独立,这种情况下,消除了一定程度上的计算误差,更加接近信号的本质。

5.3.2 Elman 神经网络

Elman 神经网络属于经典的动态神经元网络,它是在 BP 人工神经网络基本结构的基础上,通过保存内部状态使其具备各映射动态特征的功能,从而使系统具备适应时变特征的功能。

1)Elman 神经网络结构

Elman 神经网络包含输入层、隐含层、输出层和承接层。其中承接层是 Elman 网络特有的。承接层主要用于保存隐含层上一次的输出,意味着在这一次计算隐含层输出时包含了承接层的影响,相当于在输入与输出之间加入一个延时算子,这种反馈使得网络对历史数据具有敏感性,并赋予网络处理动态信息的能力,最终能够实现动态建模。图 5-13 为 Elman 神经网络的结构。

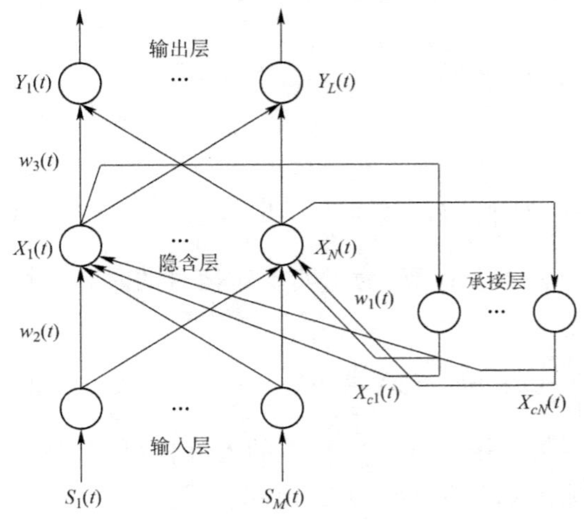

图 5-13 Elman 神经网络基本结构

图 5-13 中 Y、X、S、X_c 分别为 L 维输出节点向量、N 维隐含层节点单元向量、M 维输入向量和 L 维反馈状态向量; w_3、w_2、w_1 的含义依次

为：隐含层到输出层、输入层到隐含层、承接层到隐含层的连接权值。

由图 5-13 看到，对于输入信号 S，首先传输至隐含层节点，受到作用函数作用后，接着将隐含层节点的输出信号 X 在承接层的进行延迟与储存，然后自连接到隐含层的输入，最后传输至输出节点 Y，从而得到输出结果。如果最终网络的输出结果没有达到预期要求，就进行反向传输，把误差信号按照原先的连接通道传回，借助修改各层神经元的权值达到误差信号最小的目的。

得益于承接层的存在，前馈连接部分能够对连接权值进行修正，但还无法实现学习修正。综合图 5-13 可知，承接层 k 时刻输出为隐含层在 $k-1$ 时刻输出值的 α 倍，即

$$x_{c,j}(k) = \alpha \cdot x_{c,j}(k-1) + x_l(k-1) \qquad l = 1,2,\cdots,N \tag{5-14}$$

式中：$x_{c,j}(k)$ —— k 时刻第 j 个承接层单元的输出；

$x_l(k)$ —— k 时刻第 l 个隐含层单元的输出；k 为迭代时间，α 为自连接反馈增益因子。

当 α 恒等于零时，网络是标准的 Elman 网络，α 不等于零时，为修正的 Elman 网络。

图中网络的数学模型为

$$x(k) = f[w_1 x_c(k) + w_2 s(k-1)] \tag{5-15}$$

$$x_c(k) = \alpha \cdot x_c(k-1) + x(k-1) \tag{5-16}$$

$$y(k) = g[w_3 x(k)] \tag{5-17}$$

式中：$f(x)$ ——隐含层神经元的传递函数，通常是 Sigmoid 函数，如式(5-18)所示。

$$f(x) = \frac{1}{1+e^{-x}} \tag{5-18}$$

$y(k)$ 表示输出神经元的传递函数，为隐含层输出的线性组合，如式(5-19)所示

$$y(k) = w_3 x(k) \tag{5-19}$$

2）Elman 神经网络的原理及算法

Elman 神经网络的学习过程即是通过训练集数据进行学习训练，获取输入输出参数之间的动态特性，最终获得稳定的网络参数的过程。Elman 神经网络的算法与 BP 网络算法一样，依照误差纠正学习的规则：正向传播依次经过输入层、隐含层、承接层、输出层的处理，输出结果，对比输出结果与真实值的误差，误差满足要求，则网络训练完成，误差超容许范围则进入反向传播过程，通过将误差传输到各层神经元，对比修正各层间的连接权值，重复上述过程直至误差满足要求。

Elman 神经网络定义误差函数为

$$E = \frac{1}{2}[y_d(k) - y(k)]^T[y_d(k) - y(k)] \tag{5-20}$$

式中：E——误差函数；

$y_d(k)$ ——神经网络训练过程 k 时刻的实际输出；

$y(k)$ —— k 时刻的期望输出。

反向传播过程一般使用基于梯度下降的算法。传统的 Elman 神经网络利用 BP 算法完成学习。基于 BP 算法，权值矩阵的更新公式可以表示如下

$$\boldsymbol{W} = \boldsymbol{W} + \Delta\boldsymbol{W} \tag{5-21}$$

$$\Delta\boldsymbol{W} = -\eta\frac{\partial \boldsymbol{E}}{\partial \boldsymbol{W}} \tag{5-22}$$

式中：W——权值矩阵；

ΔW——权值矩阵修正量；

η——学习率。

将 E 对隐含层到输出层的连接权 w_3 求偏导，得

$$\frac{\partial E}{\partial w_{3il}} = -\left[y_{d,i}(k) - y_i(k)\right]\frac{\partial y_i(k)}{\partial w_{3il}} = -\left[y_{d,i}(k) - y_i(k)\right]g_i'(\bullet)x_l(k) \quad (5\text{-}23)$$

式中：$y_{d,i}(k)$——k 时刻第 i 个输出层单元的实际输出；

$y_i(k)$——k 时刻第 i 个输出层单元的期望输出；

$g_i(\bullet)$——第 i 个输出层单元对应的输出神经元的传递函数；

w_{3il}——第 l 个隐含层到第 i 个输出层的连接权值，其中，$i = 1,2,\cdots,L$，$l = 1,2,\cdots,N$。

其余符号意义同前。

隐含层到输出层的权值 w_3 的修正值 Δw_3 的计算公式为

$$\Delta w_{3il} = \eta\left[y_{d,i}(k) - y_i(k)\right]g_i'(\bullet)x_l(k) \quad (5\text{-}24)$$

式中：Δw_{3il}——w_{3il} 第 l 个隐含层到第 i 个输出层的连接权值的修正量。

将 E 对输入层到隐含层的连接权 w_2 求偏导，得

$$\frac{\partial E}{\partial w_{2lq}} = \frac{\partial E}{\partial x_l(k)}\frac{\partial x_l(k)}{\partial w_{2lq}} = \sum_{i=1}^{L}\left[-(y_{d,i}(k) - y_i(k))g_i'(\bullet)w_{3il}\right]f_l'(\bullet)s_q(k-1) \quad (5\text{-}25)$$

式中：$f_l(\bullet)$——第 l 个隐含层单元对应的隐含层神经元的传递函数；

w_{2lq}——第 q 个输入层到第 l 个隐含层的连接权值；

$s_q(k-1)$——$k-1$ 时刻第 q 个输入层单元的输入，其中，$q = 1,2,\cdots,M$。

其余符号意义同前。

则隐含层至输出层的权值 w_2 的修正量 Δw_2 的计算公式为

$$\Delta w_{2lq} = \eta\sum_{i=1}^{L}\left[(y_{d,i}(k) - y_i(k))g_i'(\bullet)w_{3il}\right]f_l'(\bullet)s_q(k-1) \quad (5\text{-}26)$$

式中：Δw_{2lq}——w_{2lq} 第 q 个输入层到第 l 个隐含层的连接权值的修正量。

近似地，对承接层到隐含层的连接权 w_1 求偏导，得

$$\frac{\partial E}{\partial w_{1lj}} = -\sum_{i=1}^{L}\left[(y_{d,i}(k) - y_i(k))g_i'(\bullet)w_{3il}\right]\frac{\partial x_l(k)}{\partial w_{1lj}} \quad (5\text{-}27)$$

式中：w_{1lj}——第 j 个承接层到第 l 个隐含层的连接权值，$j = 1,2,\cdots,N$。

其余符号意义同前。

则隐含层到输出层的权值 w_1 的修正量 Δw_1 的计算公式为

$$\Delta w_{1lj} = \eta\sum_{i=1}^{L}\left[(y_{d,i}(k) - y_i(k))g_i'(\bullet)w_{3il}\right]\frac{\partial x_l(k)}{\partial w_{1lj}} \quad (5\text{-}28)$$

式中：Δw_{1lj}——w_{1lj} 第 j 个承接层到第 l 个隐含层的连接权值的修正量。

其余符号意义同前。

不考虑 $x_c(k)$ 对连接权 w_{1jl} 的依赖，则

$$\frac{\partial x_l(k)}{\partial w_{1lj}} = f'_l(\bullet)x_{c,j}(k) \tag{5-29}$$

$$f'_l(\bullet)x_{c,j}(k) = \alpha \cdot f'_l(\bullet)x_{c,j}(k-1) + f'_l(\bullet)x_l(k-1) \tag{5-30}$$

综合式(5-29)、式(5-30)得

$$\frac{\partial x_l(k)}{\partial w_{1lj}} = f'_l(\bullet)x_l(k-1) + \alpha\frac{\partial x_l(k-1)}{\partial w_{1jl}} \tag{5-31}$$

3)Elman 神经网络预测流程

图 5-14 为 Elman 神经网络的预测流程,具体如下:

第一步:用试错法确定合适的 Elman 神经网络的结构,输入层和输出层的神经元个数由实际问题确定,隐含层经过多次试验的方法确定。

第二步:初始的连接权值由随机赋值给出。

第三步:对输入样本进行归一化处理,归一化公式如式(5-32)所示。

$$s'_i = \frac{s_i - s_{\min}}{s_{\max} - s_{\min}} \tag{5-32}$$

式中:s'_i——$s'_i \in [0,\ 1]$ 为归一化值;

$s_{\min}$,$s_{\max}$——时间序列 S 的最小值和最大值。

第四步:计算各层神经元的输出。隐含层、承接层和输出层分别用式(5-15)、式(5-16)和式(5-17)计算得出。隐含层神经元上一次的输出储存于承接层,作为这一次隐含层神经元的输入,计算隐含层神经元的输出。

第五步:利用式(5-20)计算误差函数。

第六步:计算各层之间的权值修正量,将修正后的权值替换上一次的权值。利用式(5-24)计算隐含层到输出层的权值 w_3 的修正量 Δw_3,利用式(5-26)计算隐含层至输出层的权值 w_2 的修正量 Δw_2,利用式(5-28)计算隐含层到输出层的权值 w_1 的修正量 Δw_1。

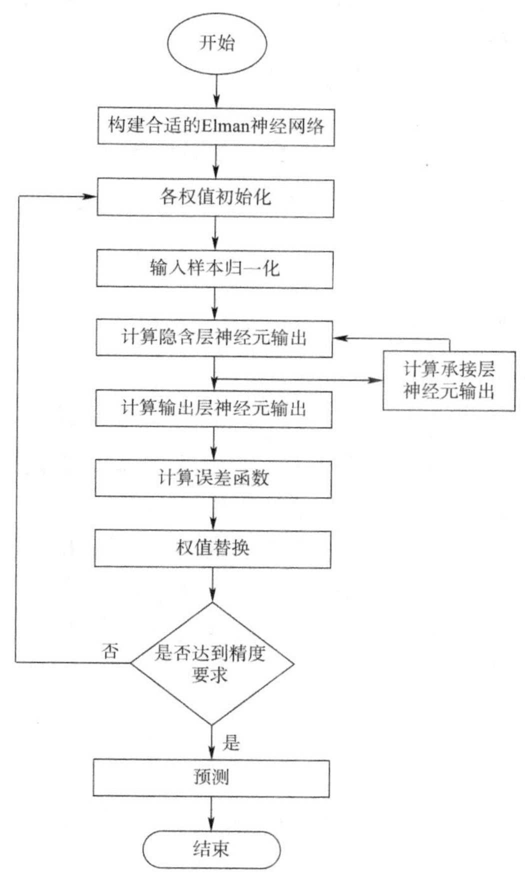

图 5-14 Elman 神经网络预测流程图

第七步:判断是否达到精度要求,如达到要求则训练结束,如达不到要求则返回第二步。

第八步:对数据进行预测,输出预测结果。

5.3.3 混沌论

1)混沌的基本概念

(1)混沌论的本质

混沌实质上是研究我们所处的世界,混沌研究的对象包括日常生活中发生的所有事情。

混沌是研究随着时间变化事物状态的变化与发展的一门学科。混沌的过程,表面看似毫无规律,是无序的、随机的,但实际却拥有着某种规律。由此称之为伪随机性,伪随机性不等同于随机性。因此,可以说混沌是确定性系统的内随机性(又称伪随机性)。

(2)混沌的概念

混沌是指一种表面看似无序、随机,但内部存在某种特定规律的现象。混沌解是在这种具有某种规律的非线性系统中存在的特定的解。混沌,不是一般所指的简单的没有规律的无序,而是没有明显的周期和对称,但往往具有丰富的内部有序层次结构,在非线性的系统中是一种新的存在形式。初始值的选取对非线性系统有很大的影响,是非线性系统独有的特征。

2)混沌识别方法

(1)功率谱法

现实中的一些物理现象可以用频率 f 与对应的功率 $E(f)$ 之间的指数关系来表示。功率谱指数用 β 表示,当 $\beta=0$ 时,其对应白噪声;当 $\beta=2$ 时,对应褐色噪声;而当 $0.5<\beta<1.5$ 时,对应 $\frac{1}{f}$ 杂音。此为振动的导数与功率谱成正比的摆动的总称。对于湍流的惯性区,$\beta=5/3$ 。

$$E(f) = |\hat{x}(f)|^2 \propto f^{-\beta} \tag{5-33}$$

已知 $E(\lambda f)=\lambda^{-3}E(f)$,总结为:

功率谱的幂函数形式说明,物理系统的观测资料在频率 f 空间中跨越尺度很大,但具备自相似的结构。从时间序列的图像上看不出其规律性,但功率谱展现出一定的规则性。

①如果功率谱图存在单峰或者几个峰,则为周期或者拟周期序列。

②如果功率谱图不存在明显的峰值或者峰连成一片,则为湍流或混沌序列。

要获取时间序列 $s_1,s_2,\cdots,s_M$ 的功率谱,先对于 M 个采样值加上周期条件 $s_{M+J}=s_J$,计算离散卷积

$$C_J = \frac{1}{M}\sum_{J=1}^{M} x_1 x_{1+J} \tag{5-34}$$

然后对离散卷积 C_J,实行离散傅里叶变换,得到傅里叶系数 P_K

$$P_K = \frac{1}{M}\sum_{J=1}^{M} C_J e^{\frac{2\pi KJ}{M}} \tag{5-35}$$

20 世纪,快速傅里叶变换算法得以应用,直接从序列 s_q 快速以傅里叶算法计算出傅里叶变化系数

$$\begin{cases} a_k = \dfrac{1}{M}\sum\limits_{q,J=1}^{M} s_q \cos\dfrac{\pi qJ}{M} \\ b_k = \dfrac{1}{M}\sum\limits_{q,J=1}^{M} s_q \sin\dfrac{\pi qJ}{M} \end{cases} \tag{5-36}$$

式中:a_k,b_k ——傅里叶变换系数,$P'_K=a_k^2+b_k^2$,由多组 $\{s\}$ 计算得出 $\{P'_K\}$ 。

时间序列的长度一般为 2 的幂次。当取得不同幂函数形式的频谱为连续，没有明显的峰值，或者可以看出峰值连成片，这样的系统一般就是混沌的。

(2)主分量分析法

主分量分析法通过协方差矩阵的转换和它的特征值来表现信号是随机信号还是混沌信号。图 5-15 是主分量谱图的一种，当其为平行于 X 轴的直线时，信号是随机的。

图 5-16 是主分量谱图的一种，当其为过定点且斜率为负的直线时，信号具有混沌特性。

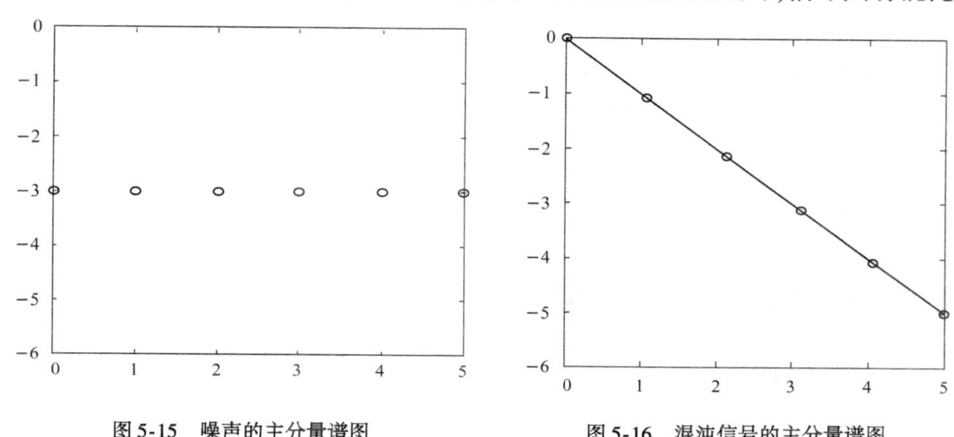

图 5-15　噪声的主分量谱图　　图 5-16　混沌信号的主分量谱图

观察图 5-15 和图 5-16 可以明显分辨出信号是混沌的还是随机的，便于观测是主分量谱图的最大优点。令实验数据嵌入维数为 D，由时间序列形成的轨道矩阵为 $\boldsymbol{S}_{Q\times D}[Q=M-(D-1)]$，如式(5-37)所示

$$\boldsymbol{S}_{Q\times D}=\frac{1}{Q^{\frac{1}{2}}}\begin{bmatrix} s_1 & s_2 & \cdots & s_D \\ s_2 & s_3 & \cdots & s_{D+1} \\ \cdots & \cdots & \cdots & \cdots \\ s_Q & s_{Q+1} & \cdots & s_M \end{bmatrix} \tag{5-37}$$

再计算其协方差矩阵 $\boldsymbol{A}$ 为

$$\boldsymbol{A}_{D\times D}=\frac{1}{Q}\boldsymbol{S}_{Q\times D}^{T}\boldsymbol{S}_{Q\times D} \tag{5-38}$$

通过计算得 $\boldsymbol{A}$ 的特征值为 $\xi_h(h=1,2,\cdots,D)$，对应的特征向量 $U_h(h=1,2,\cdots,D)$。对 $\boldsymbol{A}$ 的特征值进行排序：$\xi_1\geqslant\xi_2\geqslant\cdots\geqslant\xi_D$，所求的主分量就是特征值 ξ_h 和特征向量 U_h，对 $\boldsymbol{A}$ 的特征值求和 $\gamma=\sum_{h=1}^{D}\xi_h$，最后主分量谱图的 X 轴是 1 到 D，Y 轴是计算 $Ln(\xi_h/\gamma)$ 的值。

(3)Poincare 截面法

Poincare 截面既不与轨线相切，又不包含轨线。Poincare 截面和相空间的连续轨迹的交点被称为截点，记录 Poincare 的点为 $B_0,B_1,\cdots,B_n,\cdots$。相空间中的 Poincare 截面能够用来观察系统运动的变换规律。系统在 Poincare 截面上做连续运动，降为低纬的离散点之间的映射

$$B_{n+1}=TB_n \tag{5-39}$$

式中：T——Poincare 映射。

系统混沌性的判断依据为：看截面上的点为不动点还是少数的离散点，或是构成封闭的曲线，前者说明系统是以一定的周期进行运动，后者说明系统的运动是准周期的；如果截面上的点是成片的、有一定分行结构的密集点，说明系统的运动是混沌的。

(4) Lyapunov 指数法

对于一个 n 维动力系统，定义 Lyapunov 指数为：令 F 是 $R^n \rightarrow R^n$ 上的 n 维映射，决定一个 n 维离散系统

$$x_{n+1} = F(x_n) \tag{5-40}$$

系统的初始条件为一个 n 维无穷小的球慢慢演变为椭圆形，椭圆的全部主轴依照顺序排序时，第 i 个 Lyapunov 指数随着第 i 个主轴的长度 $P_i(n)$ 的增加速率如下

$$\sigma_i = \lim_{i \to \infty} \frac{1}{n} In\left[\frac{P_i(n)}{P_i(0)}\right], (i = 1,2,\cdots,n) \tag{5-41}$$

若计算得出最大 Lyapunov 指数为正值，表示系统一定是混沌的。因此通常将最大 Lyapunov 指数是否大于零作为系统混沌性判断的依据。

5.4 小波分析-Elman 神经网络模型特点分析

5.4.1 小波分析方法的特点

小波分解与重构通过低通滤波器与高通滤波器将信号分解成两个部分。一部分是低频系数，由数值表现信号特征，另一部分是高频系数，由数值表现信号的微小差别。

一般用 Mallat 算法实现小波的分解与重构，也就是将尺度较大的信号进行小波变换，从中提取信号中低频部分在原尺度的尺度进行小波变换。

由小波分解与重构的原理可知其存在以下特点：

(1) 能够将反映数据本质的信息与干扰信息分离，从而准确地把握数据变化的规律。

(2) 能够准确地对样本大、波动性大的数据进行处理。

5.4.2 小波分析-Elman 神经网络模型特点

信号交叉口第一辆车到达时间数据具有波动性大、数据量大等特点，运用一般的预测方法无法对其进行准确预测，而小波分解与重构能够较好地处理波动性大的数据，Elman 网络能够适应时变特征的功能，因此本书构建小波分解与重构 Elman 模型，该模型具有以下特点：

(1) 能够将数据的干扰信息和本质信息分离，提取数据本质特征，便于掌握数据的变化规律。

(2) 将已掌握的数据变化规律与 Elman 神经网络结合，可对这种非线性数据进行有效准确的预测。

(3) 建立的模型能够直观地体现出信号交叉口第一辆车到达的特征。

5.5　小波分析-Elman 神经网络预测模型构建

5.5.1　详细预测模型的构建过程

对于小波分析-Elman 神经网络组合预测方法,其核心可以分为 3 个部分,即数据序列的混沌性判断、信号预测以及预测后的误差检验。混沌性判断主要是对数据序列的规律性进行探索,之后使用小波分解和重构将数据序列分为低频信号和高频信号,再分别对低频和高频部分使用 Elman 网络方法进行预测,然后对预测之后的数据序列叠加得到需要预测的数据,最后对预测的数据效果进行验证。

1)混沌性判断

针对数据序列混沌性的判别,由于最大 Lyapunov 指数可以定量地描述空间两相邻轨道之间的发散速度,且最大 Lyapunov 指数是否为正值能够作为判断时间序列混沌特性的依据。所以本书选用最大 Lyapunov 指数法判别时间序列的混沌性。由于数据序列混沌性判断需要首先确定延迟时间 τ 和嵌入维数 m ,所以首先对这两个参数进行分析,之后再进行相空间重构。对于延迟时间和嵌入维数的确定,考虑到互信息法对时间序列中非显性特征的提取非常有效,CAO 算法可以利用少量的数据分辨干扰信号和本质信号,且算法的运行速度快,所以本书采用互信息法和 CAO 算法进行确定。

(1)互信息法确定延迟时间

本书使用互信息法计算延迟时间。在运用互信息法确定延迟时间 τ 时,首先在数据分布区间上建立数据的概率分布曲线。设已知时间序列 $S = \{s_i \mid i = 1,2,\cdots,N\}$,则计算概率 $P(s_i)$ 的步骤如下:

①将 $\{s_i\}$ 归一化,按式(5-32)进行。

②将区间 [0, 1] 划分为 b 个子区间,令 $\tilde{s}_i = [s'_i b]$,其中,$[s'_i b]$ 表示取大于 $s'_i b$ 的最小整数。则 $\tilde{s}_i$ 为 $0,1,2,\cdots,b-1$ 共 b 个整数中的一个。从而将序列 S 划分到 b 个子区间当中。

③利用式(5-42)计算概率 $P(s_i)$

$$P(s_i) = \frac{N(s_i)}{N_{\text{total}}} = \frac{N(\tilde{s}_i)}{N} \tag{5-42}$$

式中:$N(s_i)$ —— s_i 所在区间中的数据个数;

$N_{\text{total}} = N$——总的数据个数。

则联合概率为

$$P(s_i, s_{i+\tau}) = \frac{N(\tilde{s}_i, \tilde{s}_{i+\tau})}{(N-\tau)\times(N-\tau)} \tag{5-43}$$

式中:$N(\tilde{s}_i, \tilde{s}_{i+\tau})$ ——区间 $\tilde{s}_i$ 和 $\tilde{s}_{i+\tau}$ 中的数据个数的乘积。

然后,对于不同的延迟参数 τ ,计算互信息 $I(\tau)$

$$I(\tau) = -\sum_{i=1}^{M} P(s_i)\log P(s_i) - \sum_{i=1}^{M-\tau} P(s_{i+\tau})\log P(s_{i+\tau}) + \sum_{i=1}^{M-\tau} P(s_i, s_{i+\tau})\log P(s_i, s_{i+\tau}) \tag{5-44}$$

计算出互信息值后，以延迟参数 τ 为横坐标，互信息 $I(\tau)$ 为纵坐标，将各延迟参数计算出的互信息值画在二维坐标上，取曲线第一次降低到极小值时对应的延迟时间 $\tau_{\min}$ 作为最佳延迟时间 τ 。

(2) CAO 算法确定嵌入维数

CAO 算法的优点是：不依赖数据长度，能清晰地分辨真实信号，噪声和计算效率高。因此该方法广泛应用于各个领域，本书也选用该方法确定嵌入维数。

首先，根据式(5-45)计算相空间中的点在各嵌入维数条件下的最邻近点的距离变化值。

$$a(o,m) = \frac{\| S_o(m+1) - S_{n(o,m)}(m+1) \|}{\| S_o(m) - S_{n(o,m)}(m) \|}$$
$$\| S_k(m) - S_l(m) \| = \max_{0 \le g \le m-1} |s_{k+j\tau} - s_{l+j\tau}| \tag{5-45}$$

式中：o——$1,2,\cdots,M-m\tau$；

M——时间序列的长度；

m——嵌入维数；

$a(o,m)$——在嵌入维数为 m 的条件下的第 o 个重构相空间向量和最邻近向量的距离变化值；

$\|\cdot\|$——代表向量范数；

$m+1$——嵌入维数为 $m+1$ 维；

$S_o(m)$——第 o 个重构相空间向量，嵌入维数为 m；

$n(o,m)$——属于 $[1, M-m\tau)$ 内的整数；

$S_{n(o,m)}(m)$——离 $S_o(m)$ 最近的向量。

然后根据式(5-46)计算相同维数下距离变化值的平均值。

$$E(m) = \frac{1}{M-m\tau}\sum_{o=1}^{M-m\tau} a(o,m) \tag{5-46}$$

式中：$E(m)$——$a(o,m)$的平均值；

其他符号意义同前。

最后，根据式(5-47)检测 $E(m)$ 从 m 维到 $m+1$ 维的变化情况。

$$E_1(m) = \frac{E(m+1)}{E(m)} \tag{5-47}$$

若时间序列是确定的，那么嵌入维是存在的，$E_1(m)$ 将在 m 高于一定值 m_0 后不再改变，此时最小嵌入维数为 m_0+1 。实际上对长度有限的序列，无法明显判断出 $E_1(m)$ 是在缓慢变化还是已经稳定，所以有必要增加判断准则。补充判断准则如式(5-48)所示。

$$E^*(m) = \frac{1}{M-m\tau}\sum_{o=1}^{M-m\tau} |S_o(m+1) - S_{n(o,m)}(m+1)|$$
$$E_2(m) = \frac{E^*(m+1)}{E^*(m)} \tag{5-48}$$

式中：$E^*(m)$ —— $|S_o(m+1) - S_{n(o,m)}(m+1)|$ 的平均值；

$E_2(m)$ —— $E^*(m)$ 从 m 维到 $m+1$ 维变化的情况。

(3)混沌性判别

针对数据序列混沌性的判别，引入 WOLF 法。由于 WOLF 法是建立在相轨线、相面积、相体积等演变的基础上对 Lyapunov 指数进行估计，在子混沌分析中得到广泛应用。因此，书中使用 WOLF 法计算最大 Lyapunov 指数。该方法具体陈述如下。

对于时间序列 $s_1, s_2, \cdots, s_M$，按照上文的方法选择合适的延迟时间 τ 和嵌入维数 m，进行相空间重构

$$
\begin{aligned}
S(t_i) &= [s(t_i), s(t_{i+\tau}), s(t_{i+2\tau}), \cdots, s(t_{i+(m-1)\tau})]^T \\
\omega &= M - (m-1)\tau \\
i &= 0, 1, \cdots, \omega
\end{aligned}
\tag{5-49}
$$

图 5-17 为经典 WOLF 算法示意图。

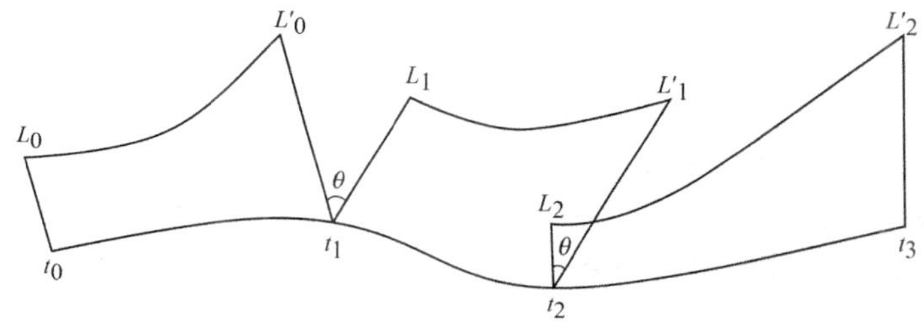

图 5-17　经典 WOLF 算法示意图

如图 5-17 所示，数据从 $S(t_0)$ 点开始，L_0 为 $S(t_0)$ 与它最邻近点 $S_0(t_0)$ 的距离，观测这两点之间的时间演化，直到 t_1 时刻，其两点间距离大于某一特定值 $\varepsilon > 0$，$L'_0 = |S(t_1) - S_0(t_1)| > \varepsilon$，则保留 $S(t_1)$，并在 $S(t_1)$ 邻近搜索另一点 $S_1(t_1)$，使其 $L_1 = |S(t_1) - S_1(t_1)| < \varepsilon$，且它们之间的夹角 θ 要尽量小，重复进行以上步骤，直到 $S(t)$ 到达时间序列的终点 M，迭代次数为 $t_\omega - t_0$，则最大 Lyapunov 指数为

$$
\lambda = \frac{1}{t_\omega - t_0} \sum_{i=0}^{\omega} \log_2 \frac{L'_i}{L_i} \tag{5-50}
$$

式中：λ ——最大 Lyapunov 指数；

t_0 ——初始时刻；

t_ω ——终点时刻；

L'_i —— $|S(t_{i+1}) - S_i(t_{i+1})|$；

L_i —— $|S(t_i) - S_i(t_i)|$，其余参数意义同上。

用该指数是否大于零来判断时间序列的混沌特性，如果该值大于 0，则说明数据具有混沌性。

2)信号预测

通常采用 Mallat 算法实现小波的分解与重构，也就是说对尺度较大的信号(原始信号)进行小波变换，得到 s_1 和 d_1，再选取 s_1 和 d_1 中的低频部分 s_1 在原尺度的 1/2 尺度上(原小波函数缩短 1/2 后)进行小波变换，得到频率更高的 s_2 和 d_2，直至设定的分解尺度。

Mallat 算法表示为

$$\begin{cases} s_{m+1} = Hs_m \\ d_{m+1} = Gs_m \end{cases} \quad m = 0,1,2,\cdots,\hat{M} \tag{5-51}$$

式中：H,G——低通滤波器和高通滤波器；

$\hat{M}$——分解尺度；

S——原始信号（由时间序列 $s_1,s_2,\cdots,s_M$ 组成）。

小波分解过程自动产生一个金字塔形的逐次分解结果，如图 5-18 所示。通过式（5-51）可以将原始时间序列分解为高频系数向量 $d_1,d_2,\cdots,d_{\hat{M}}$ 和低频系数向量 $s_{\hat{M}}$。

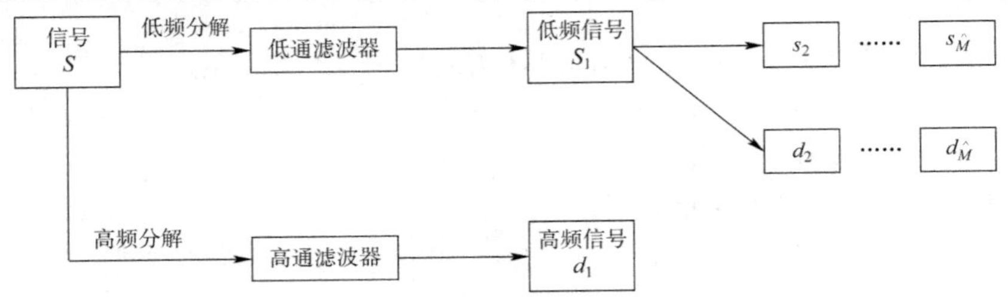

图 5-18 信号分解流程图

Mallat 算法进行小波分解的缺点是每次分解后时间序列中的样本都会减半。分解的尺度越大，样本数量减少得越快，这对预测是不利的，因此使用重构算法对经 Mallat 算法分解后的序列进行重构，重构算法如式（5-52）所示

$$S_m = H^* s_{m+1} + G^* d_{m+1}, m = \hat{M}-1, \hat{M}-2, \cdots, 0 \tag{5-52}$$

式中：H^*，G^*——H 和 G 的对偶算子。

采用重构算式进行重构可以增加信号的点数，对 $d_1,d_2,\cdots,d_{\hat{M}}$ 和 $s_{\hat{M}}$ 分别进行重构，得到 $D_1,D_2,\cdots,D_{\hat{M}}$ 和 $S_{\hat{M}}$，它们和原始时间序列的点数一样，且有：$S = S_{\hat{M}} + D_1 + D_2 + \cdots + D_{\hat{M}}$。信号重构流程图如图 5-19 所示。

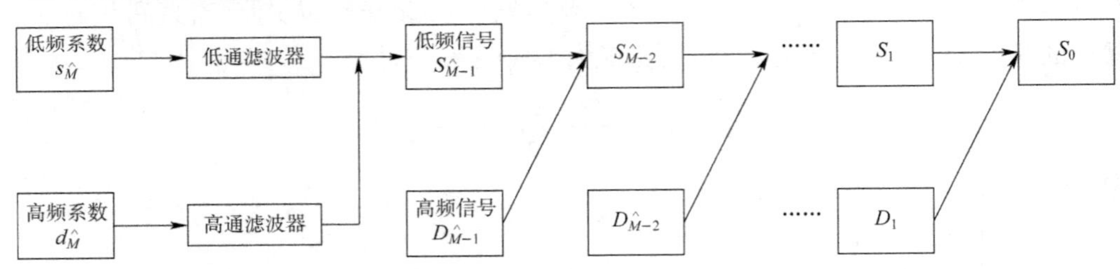

图 5-19 信号重构流程图

经过多尺度分解与重构后得到如图 5-19 所示的代表信号特征的低频信号 $S_{\hat{M}}$ 和代表信号微小区别的高频信号 D_1、D_2 到 $D_{\hat{M}}$，对这 $\hat{M}+1$ 个时间序列分别建立 Elman 神经网络预测模型，对信号进行训练与预测，得到 $\hat{M}+1$ 个预测结果。构建 Elman 神经网络。

将经小波分解后的 $\hat{M}+1$ 个时间序列，依次作为输入层的输入，对网络训练，修正连接权值，重复此过程至误差满足要求，最后对 $\hat{M}+1$ 时间序列进行预测，得到 $\hat{M}+1$ 个时间序列预测结果，最后将预测得到的 $\hat{M}+1$ 个时间序列线性累加，即为车辆到达时间的预测结果。

3)误差检验

对信号交叉口第一辆车到达时间数据预测的误差检验是通过一些指标来判别实际值与预测值之间的差异程度,主要通过检验值 R、F 和 DW 检验预测值与实际值之间的相关性。采用平均绝对误差和均方差来验证预测的精度,令实际值为 S,预测值为 $\hat{S}$,则有平均绝对误差公式

$$AAE = \frac{1}{N}\sum_{i=1}^{n} | s_i - \hat{s}_i | \tag{5-53}$$

均方根误差的计算公式

$$RMSE = \sqrt{\sum_{i=1}^{n} \frac{1}{n} (s_i - \hat{s}_i)^2} \tag{5-54}$$

5.5.2　预测流程

小波—Elman 神经网络集成预测流程如图 5-20 所示。

如图 5-20 所示,小波分解与重构-Elman 网络模型预测共分为六个步骤,可以概括为:

第一步:统计样本数据,将样本数据组成长度为 M 的信号 S。

第二步:判断信号的混沌特性。

第三步:对信号 S 进行多分辨率的 $\hat{M}$ 尺度小波的分解与重构,得到 1 个低频信号和 $\hat{M}$ 个高频干扰信号。

第四步:将分解与重构后得到低频信号和高频信号,分别输入到 Elman 神经网络中,对信号进行训练与预测。

第五步:将 Elman 神经网络预测出时间序列,将预测得到的 $\hat{M}+1$ 个时间序列线性累加,即为时间差的预测结果。

第六步:对预测数据进行误差检验,验证预测方法的有效性。

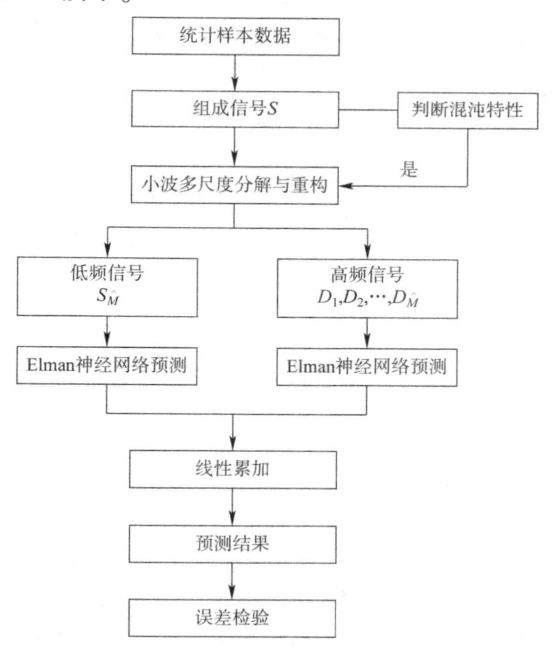

图 5-20　小波-Elman 神经网络模型预测流程

5.6　第一辆车到达时间预测

5.6.1　混沌性判断

(1)延迟时间确定

本次预测的第一辆车到达时间数据是视频提取的重庆交通大学三号门交叉口车辆到达数据,采样时间间隔为 90s,共采集 260 个有效数据。利用上述 260 个数据序列,根据互信息

法的相关原理,绘制 $\tau \sim I(\tau)$ 的曲线,如图 5-21 所示。将曲线第一次降低到极小值时,对应的延迟时间 τ_{min} 即可作为最佳延迟时间 τ 的取值。

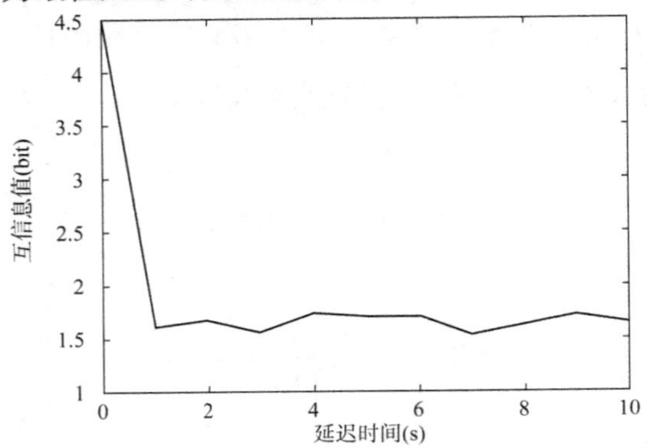

图 5-21　时间差数据的延迟时间

图 5-21 中横坐标为延迟时间 τ 。图中出现的第一个极小值是在 1s 时,由延迟时间的判断依据可知第一辆车到达时间数据作为混沌时间序列的最佳延迟时间为 $\tau = 1$。

(2) CAO 算法确定嵌入维数

本文采用 CAO 算法确定嵌入维数。计算结果如图 5-22 所示。

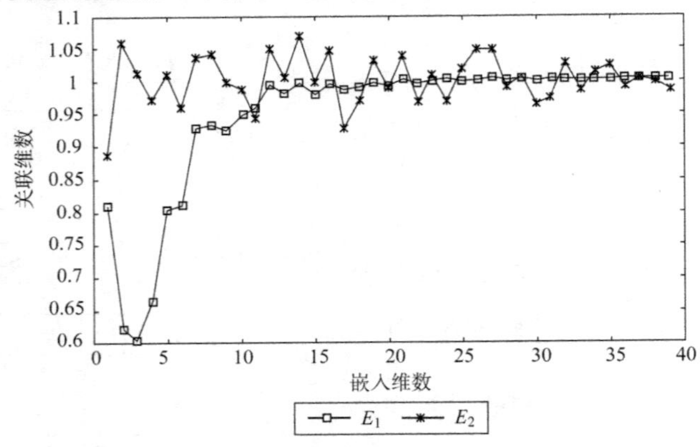

图 5-22　时间差数据的嵌入维数

图 5-22 中横坐标表示嵌入维数,纵坐标表示关联维度 E_1 和 E_2 的变化情况。由图可知,图中 E_1 的值在 $m = 16$ 处不再改变。E_2 的值却在 E_1 附近不断波动,则第一辆车到达时间数据作为时间序列的嵌入维数为 $m = 16$。

(3) 最大 Lyapunov 指数法判别混沌性

首先采用 WOLF 法计算时间序列的最大 Lyapunov 指数,用指数与零的大小关系判断时间序列的混沌特性,记为 λ ,计算得出:$\lambda = 0.0258 > 0$ 。说明第一辆车到达序列是混沌时间序列。

5.6.2　数据预测

(1) 多尺度小波分解与重构

采用小波分解的方法对第一辆车到达数据进行多尺度分解与重构,采用小波函数 Sym4

分解层次 $\hat{M}=3$，首先对第一辆车到达时间序列进行多分辨率的小波分解后重构，分别得到信号的低频部分 S_3 和高频部分 D_1，D_2，D_3，如图 5-23 所示。

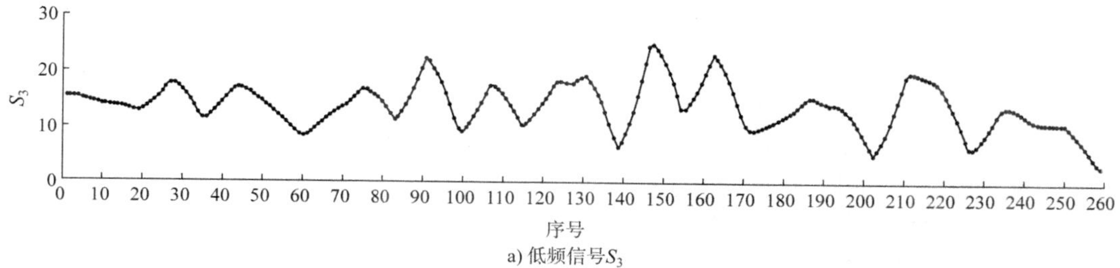

a) 低频信号S_3

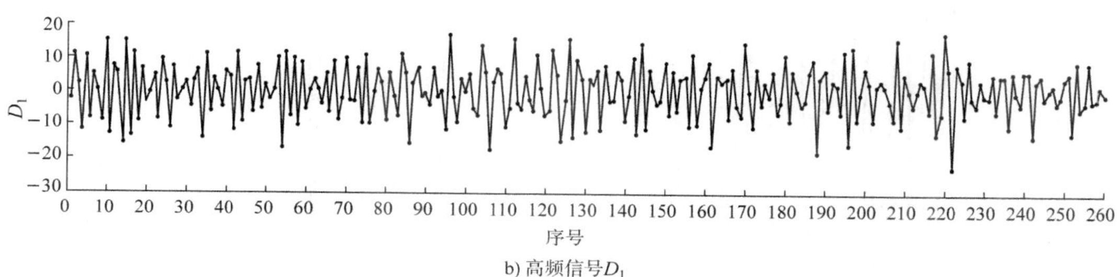

b) 高频信号D_1

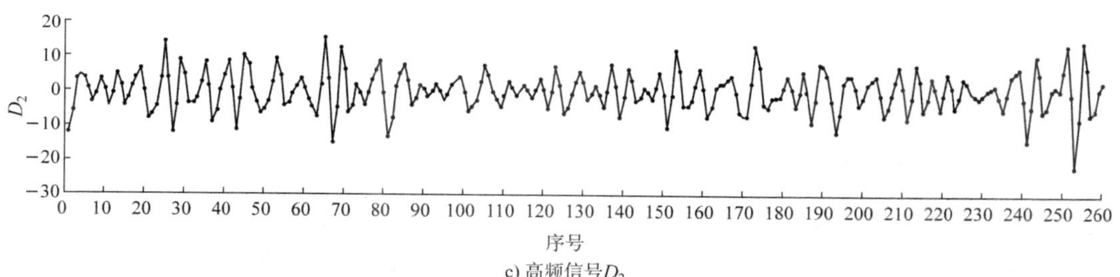

c) 高频信号D_2

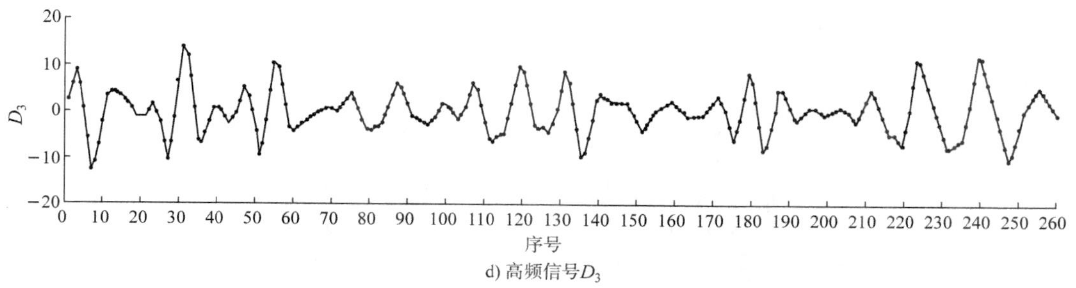

d) 高频信号D_3

图 5-23　原始时间差序列分解与重构

(2) Elman 神经网络预测

取前 160 个数据作为训练样本，后 93 个数据作为测试样本。对经小波分解与重构后的 4 个时间序列建立 Elman 神经网络预测模型，并进行预测，最后合成预测结果，从而得到最终第一辆车到达时间的预测结果。第一辆车到达时间的预测值与实际值对比结果如图 5-24 所示，图中横坐标表示测试数据的 93 个时间间隔点数，纵坐标表示在采样时刻点处相应第一辆车到达时间值。图中实线表示实际采集的第一辆车到达时间值,虚线为预测模型输出的预测值。

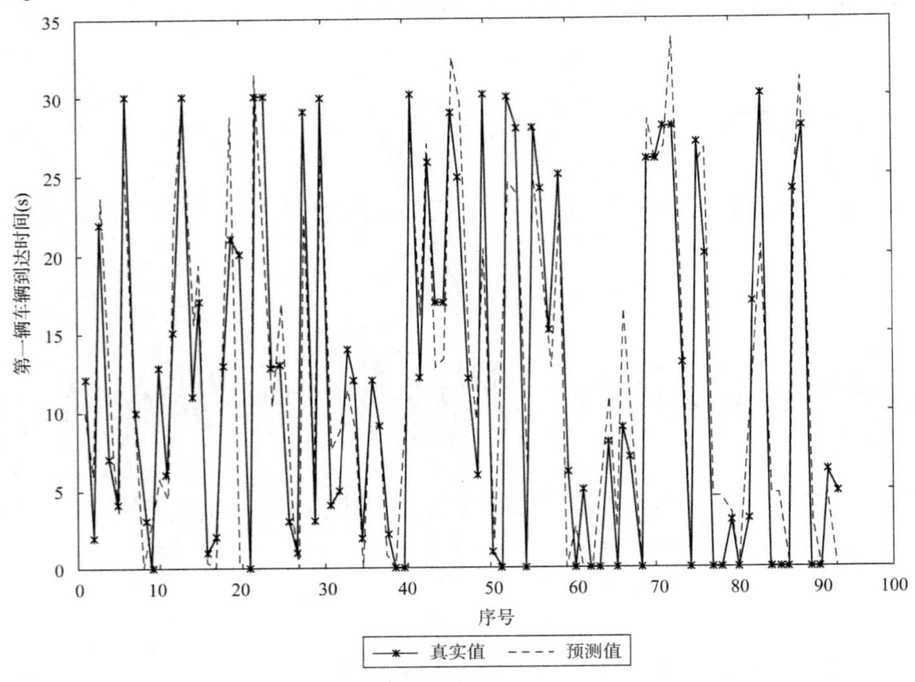

图5-24 时间差数据预测值与实际值对比图

5.6.3 结果分析

按照式(5-53)、式(5-54),得到 $AAE = 3.13$, $RMSE = 3.95$。说明车辆到达交叉口与红灯起亮时间差的预测绝对误差平均在3.13s,均方根误差为3.95s。预测值与实际值的绝对误差值如图5-25所示。

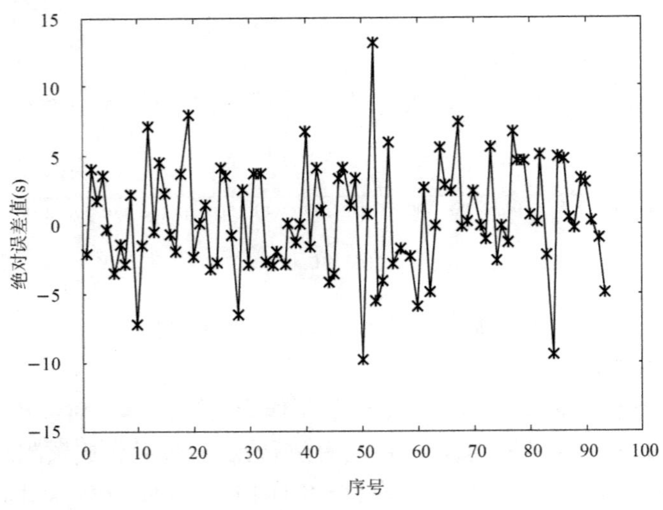

图5-25 绝对误差图

将预测值与实际值进行数据分析（*DW* 检验），得到模型概述表如表 5-10 所示。

模 型 概 述 表　　表 5-10

模型	R	R 平方	调整的 R 平方	标准误差估计	杜宾—瓦特森检验值
1	0.934[a]	0.872	0.870	3.738	1.868

如表 5-10 所示，通过计算预测值与实际值的相关系数为 0.934，杜宾—瓦特森检验值为 1.868，说明预测值与实际值之间存在高度的线性关系。预测误差较小，预测精度较高，能客观表示车辆到达交叉口的规律。

5.7　基于第一辆车到达进口道延误提取模型构建

5.7.1　信号交叉口进口道延误调查方法选择

如图 5-2 所示，虚线范围内的直行车道是这次的调查对象。进口道延误数据的提取关键要提取车辆通过选定的出、入口断面自由行驶时间和实际行驶时间。自由行驶时间 t_f 的提取过程为：首先选取出、入口断面。入口断面的位置选择在最大排队车辆后 20m 左右，此时排队车辆的最后一辆车能够以自由行驶速度通过；出口断面位置选择在进口道停车线处，出口断面与入口断面的位置示意如图 5-2 所示。绿灯期间未经历延误的车辆通过入口断面和出口断面的时间差为自由行驶时间。绿灯起亮和绿灯结束前后，车辆需加速或减速，这会对车辆自由行驶造成一定的影响，因此排除绿灯起亮后的 10s 和绿灯结束前的 10s。按照式（2-3）计算样本数，选择标准差 $\sigma=5$s，容许误差 $E=1$s，在 95% 的置信水平下，计算得出最小样本量为 $N=96$。本书提取了 180 辆自由行驶车辆以确定该进口道的车辆自由行驶时间。

实际行驶时间的提取过程为：记录每周期所有车辆通过入口断面、出口断面的时间差，该时间差即为实际行程时间 t_a。进口道延误等于 t_a-t_f。选择标准差 $\sigma=15$s，容许误差 $E=2$s，在 95% 的置信水平下，计算得出最小样本量为 $N=216$。本书选取学府大道与三号门交叉口 30 个周期 500 辆车的进口道延误数据，满足最小样本量要求。

5.7.2　基于第一辆车到达进口道延误推导过程

由 4.1.3 节的 Webster 延误推导过程，可以得出：在计算 Webster 延误计算式中的第一项时，默认了在信号控制周期开始的瞬间（红灯起亮的瞬间），第一辆车马上到达停止线，并且假设到达率为常量。但在现实的交叉口中，由于信号配时、饱和流量、交叉口间距不同等的交通条件，加之车辆行驶的随机性，第一辆车到达停车线的时刻并非都是在红灯亮起的瞬间，而有可能在红灯亮起的任何时候。这导致交叉口车辆到达不均匀且第一辆车到达交叉口的时刻不是红灯起亮的瞬间时，使用 Webster 延误计算公式时，精度不够理想。考虑到目前我国信号交叉口摄像头的广泛布设以及图像处理技术的发展，获取交叉口进口道前几辆车的信息已成为可能，所以下文以红灯起亮，即周期开始后第一辆车到达—离去时间信息为基础，分析其与进口道延误的关系，并尝试对 Webster 模型进行修正，提出基于第一辆车到达的进口道延误计算模型，在一定程度上减少每信号周期第一辆车非均匀到达而造成的误差，从而提高信号交叉口延误计算的精度及适用性。

如图 5-26 所示，由于不同的交通情况，并非所有的车辆都是在红灯起亮时刻到达停车线，假设第一辆车在 E 时刻到达，则 t_c 表示每周期第一辆车到达时间。其余符号意义同前。

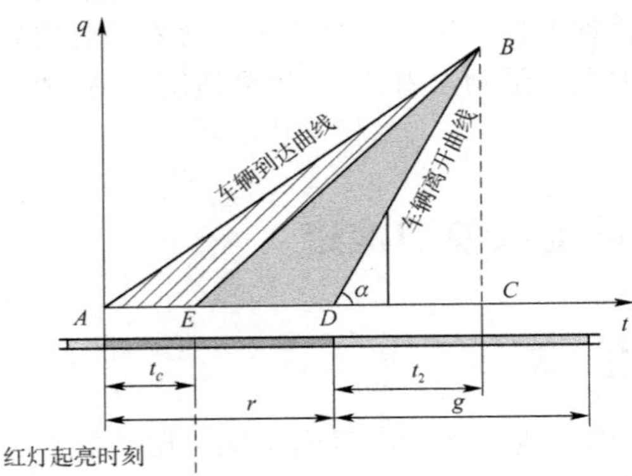

图 5-26 修正的车辆到达与延误关系图

则在第一辆车是随机到达停车线的基础上，交叉口车辆总延误为三角形 EBD 的面积。利用三角形面积计算公式即可得到

$$D = \frac{1}{2} \times ED \times BC \tag{5-55}$$

式中：ED——值等于周期内红灯时长减去 t_c；

BC——值为周期内产生延误的车辆数，借助三角形 EBD 可求 BC。

三角形 EBD 中有以下关系：

$$BC = \tan\alpha \times DC \tag{5-56}$$

已知 $\tan\alpha = S$，DC 是排队消散时间，$DC = t_2$，车辆全部通过交叉口时，每周期到达车辆数等于离开的车辆数，故有

$$q \times (r - t_c + t_2) = S \times t_2 \tag{5-57}$$

整理式(5-57)得

$$t_2 = \frac{q \times (r - t_c)}{S - q} \tag{5-58}$$

将式(5-56)～式(5-58)代入延误的计算公式(5-55)，可以得到车辆在交叉口的总延误为

$$D = \frac{q \times S \times (r - t_c)^2}{2 \times (S - q)} \tag{5-59}$$

D 为每周期车辆的总延误，则每周期的车辆平均延误的计算公式为

$$\bar{d} = \frac{D}{q \times C} = \frac{S \times (r - t_c)^2}{2 \times C \times (S - q)} \tag{5-60}$$

将式(4-9)～式(4-11)代入车均延误的表达式(5-60)，化简后的平均延误如下

$$\bar{d} = \frac{C\left(1 - u - \frac{t_c}{C}\right)^2}{2(1 - y)} \tag{5-61}$$

式(5-61)即为基于第一辆车到达的 Webster 延误计算式的第一部分，由于第二部分和第三部分分别为仿真等方式得到的修正项，在此不做修正，所以修正后的完整 Webster 交叉口进口道车辆平均延误公式为

$$\bar{d} = \frac{C\left(1 - u - \frac{t_c}{C}\right)^2}{2(1 - y)} + \frac{x^2}{2q(1 - x)} - 0.65\left(\frac{C}{q^2}\right)^{\frac{1}{3}} \times x^{(2+5u)} \tag{5-62}$$

5.7.3　模型检验算例分析

由上述分析可知,第一辆车的到达时间与车辆在交叉口进口道的延误存在一定的关系。为了验证所建立的基于第一辆车到达的延误计算模型的有效性,利用该模型计算学府大道与三号门交叉口的每周期车辆平均延误,式(5-62)中的 t_c 采用第四章中的第一辆车到达时间预测结果,将其与 Webster 延误模型计算的结果做对比。

得到的上述两个延误模型的延误计算值与实测值的误差百分比分布情况如图 5-27 所示。

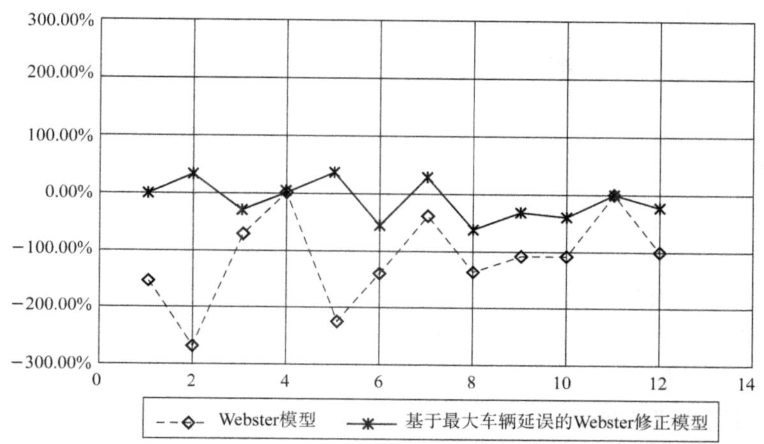

图 5-27　学府大道与三号门交叉口延误模型计算误差百分比分布图

本书计算的是每周期(周期长度为 90s)的交叉口进口道一条直行道的车均延误,而大部分情况下一般采取 15 ~ 20min 的平均流量进行计算,在一定程度上降低了交通量的波动,然而因每周期到达交叉口的交通流量随机性大,车辆的到达不均匀性更大。由图 5-27 可知,运用 Webster 模型计算实时的每周期车辆平均延误的精度很不理想,与实测延误的相差很大,最大误差百分比达到 200%;而基于第一辆车到达的延误模型不仅大大地提高了延误计算精度,并且由于加入了预测的值 t_c ,使模型具备实时性和更好的适用性。

基于第一辆车到达延误模型计算值与 Webster 延误模型计算值的 *MPE* 如表 5-11 所示。

计算值与实测值的 *MPE* 统计表(%)　　表 5-11

模型值与实测值的 *MPE*	
Webster 模型	基于第一辆车到达时间的 Webster 修正模型
76.58	30.60

由表 5-11 可知,基于第一辆车达到延误模型的计算值相比实测值的误差比 Webster 模型降低了 45.98%,由此可见基于第一辆车到达延误模型比 Webster 模型更准确。

5.8　配时影响分析应用实例

为了验证书中模型在实际应用中的效果,拟定一个典型的十字形交叉口,并给出交叉口的流量等信息,首先运用 Webster 配时法计算得出配时方案,再应用本书模型结合遗传算法实时对交叉口进行信号配时,最后运用 VISSIM 软件进行仿真,提取延误评价指标。

拟定一个十字交叉口,东西南北进口道的交通量分别为 600、900、900、1200 辆/小时,各进口道各有 2 个车道。设各车道饱和流量 S 均为 1700 辆/小时,采用二相位信号控制,每相位信号损失时间为 $L=5\text{s}$,黄灯时间取 $t_y=3\text{s}$,全红时间为 0s。

5.8.1 基于 Webster 配时方法的定时控制

Webster 配时法是国际上相对主流的定时信号配时方法,最佳的交通信号周期时长通过以延误最小为目标确定,延误计算公式如式(4-1)所示。则总延误 $D = q \times \bar{d}$,为使总延误最小,令 $\frac{\mathrm{d}(D)}{\mathrm{d}C} = 0$。利用近似解法计算最佳周期时长。

$$C_0 = \frac{1.5L + 5}{1 - Y} \tag{5-63}$$

$$L = \sum_{i=1}^{n} (l + I_i - A_i) \tag{5-64}$$

式中:C_0——最佳周期时长,s;

L——信号总损失时间,s;

Y——周期内所有相位的关键车道组的流率比之和;

n——总相位数;

l——启动损失时间,s;

I_i——第 i 相位末的绿灯间隔时间,s;

A_i——第 i 相位末的黄灯时间,s。

由式(5-63)计算得到的周期时长,计算每信号周期的有效绿灯时间,如式(5-65)所示

$$G_e = C_0 - L \tag{5-65}$$

按照每个相位的最大流量比值对 G_e 进行分配,每相位的绿灯时间按式(5-66)计算

$$G_{e,i} = G_e \frac{y_i}{Y} \tag{5-66}$$

式中:y_i——第 i 相位的关键车道组流率比。

各相位的有效绿灯时间分配完成后,即可根据式(5-67)确定各相位的绿灯显示时间

$$G_i = G_{e,i} + l_i - A_i \tag{5-67}$$

采用二相位控制,交叉口信号相位示意图如图 5-28 所示。

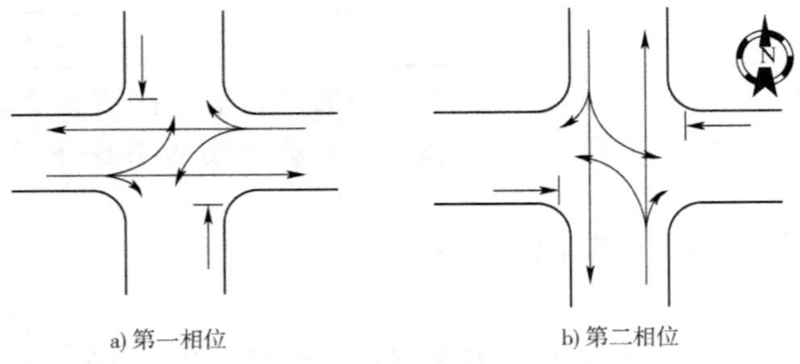

a) 第一相位　　b) 第二相位

图 5-28　交叉口信号相位示意图

利用 Webster 方法计算得出得配时方案如图 5-29 所示。

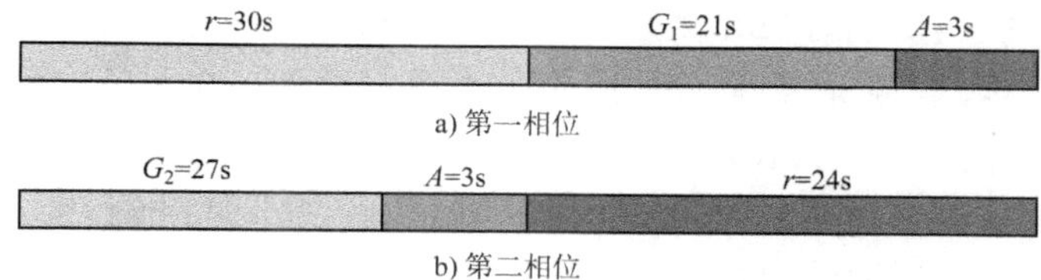

图 5-29　Webster 方法计算的配时方案

5.8.2　基于第一辆车到达延误模型实时信号控制

1)基于第一辆车到达延误模型的实时信号控制方案设计

本书的信号交叉口实时控制流程如图 5-30 所示,首先在 VISSIM 中建立仿真模型,通过 COM 接口 VISSIM 软件仿真过程中的输出数据获取相关交通信息(包括关键参数 t_c 和周期流量的历史数据获取),并将其实时传输到 MATLAB,再结合获取的历史数据对第一辆车到达时间 t_c 进行预测,接着建立信号配时优化模型,并用遗传算法求解出每周期的交通信号配时参数,最后在 VISSIM 中实现实时的控制方案。

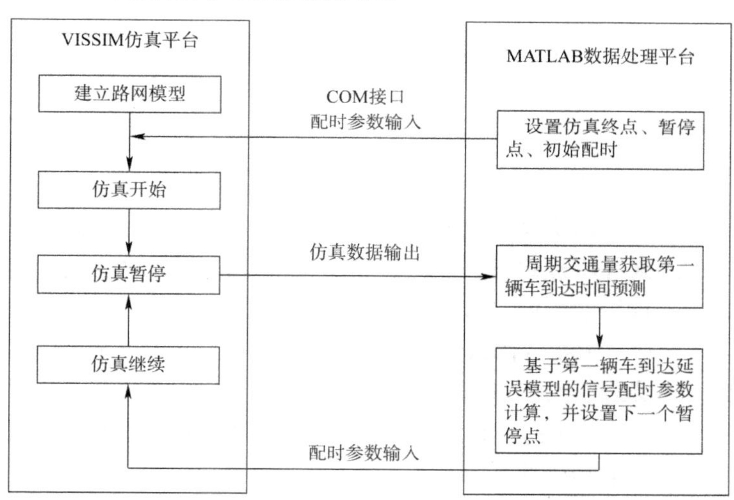

图 5-30　信号交叉口实时控制流程

2)信号配时参数计算

由饱和度的定义可知

$$u = \frac{y}{x} \tag{5-68}$$

将式(5-62)作为进行一定变换得到(5-69)延误计算公式

$$d(C,x) = \frac{C}{2x^2}\frac{q\left[x - y - \frac{(x \cdot t_c)}{C}\right]^2}{(1 - y)} + \frac{x^2}{2(1 - x)} \tag{5-69}$$

并以车辆总延误最小为优化目标建立信号配时模型,则目标函数为

$$\min z = \{d(C,x)\} \tag{5-70}$$

约束是对周期时长、饱和度、有效绿灯时长和总时长的限制。

(1)周期时长约束:周期时长 C 太短会导致车辆和行人不能及时通过交叉口,无法保证安全,也无法清空排队车辆,通常周期时长的取值要大于36s;C 太长,会出现红灯方向的车辆等待时间太长、车辆延误增大及通行能力降低的情况,所以周期时长一般不超过200s。

(2)饱和度约束:饱和度大于0.4是考虑到饱和度过小时(通行能力远超出交通需求时),会出现无故增加车辆延误的情况,本书研究基于不饱和状态的交叉口,所以限制饱和度小于或等于0.9。

(3)有效绿灯时间约束:最大的有效绿灯时长的选择要考虑下一相位行人过街能忍受等待时间的最长红灯时长,信号控制交叉口处行人能忍受的等待时间最长不大于60s,特殊情况下不能大于90s。

(4)总时长约束:$C=\sum_{i=1}^{n}G_{e,i}+L$,指周期时长等于所有相位的有效绿灯与周期总损失时间之和。

综合以上约束,约束条件概括为

$$s.t.\begin{cases}36\leqslant C\leqslant 200\\0.4\leqslant x_i\leqslant 0.9\\G_{e,i}\leqslant 90\\C=\sum_{i=1}^{n}G_{e,i}+L\end{cases}\tag{5-71}$$

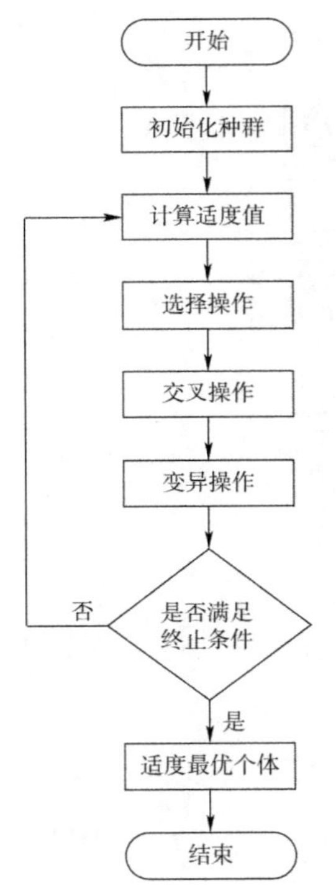

图5-31 遗传算法流程图

式(5-71)中,所有符号意义同前。

因交叉口信号配时过程是随机的,传统的算法求解过程复杂且结果并不理想,遗传算法能够找到符合要求的最优解,因此本书选用遗传算法求解,其求解过程如下:

Step1:初始化。选择一个群体,这个初始的全体为问题假设解的集合,通常以随机方式生成。

Step2:编码。在可行域内用实数编码随机产生出给定种群数目大小的染色体。

Step3:计算适度值。根据以平均延误时间最小作为适度函数,计算各个个体的适应度值(本书即为目标函数值),对每个个体进行打分评价。

Step4:选择。根据适度值选择下一代的个体,选择的原则是适应度。

Step5:交叉。对随机配对个体按照给定交叉概率进行交叉操作。

Step6:变异。按给定变异概率对种群内个体发生变异操作。

Step7:结果判断。判断是否达到迭代总数,若没有,则转到step3;否则,输出最佳个体(即最佳信号配时方案)。

遗传算法流程如图5-31所示。

5.8.3　仿真结果分析

首先在 VISSIM 中建立仿真模型，设置好各仿真参数，分别对两种控制方式进行仿真，提取延误数据，仿真的交叉口东西南北 4 个进口道的平均延误结果对比如表 5-12 所示，结果变化情况如图 5-32 所示。

交叉口车辆平均进口道延误仿真结果对比　　表 5-12

周　期	Webster 定时控制方案(s)	第一辆车到达延误控制方案(s)	改进率(%)
1	5.80	5.36	7.56
2	7.69	7.36	4.25
3	4.44	3.61	18.54
4	6.60	6.04	8.56
5	9.43	8.48	10.04
6	8.23	7.20	12.46
7	5.38	4.97	7.62
8	9.19	8.31	9.53
9	7.20	6.74	6.42
10	9.64	9.31	3.45
11	8.39	7.98	4.89
12	6.30	5.09	19.23
13	8.34	7.97	4.36
14	5.55	5.37	3.24
15	7.09	6.59	6.98
16	5.53	4.72	14.56
17	7.86	6.58	16.33
18	6.68	5.95	10.88
19	6.38	5.79	9.12
20	6.34	5.80	8.46
21	8.30	7.83	5.62
22	4.69	4.48	4.43
23	6.03	5.66	6.12
24	7.66	7.29	4.87
25	9.20	8.96	2.63
26	6.03	5.60	7.12
27	6.31	5.80	8.19
28	5.39	5.08	5.66
29	6.94	6.44	7.14
30	6.85	6.61	3.49

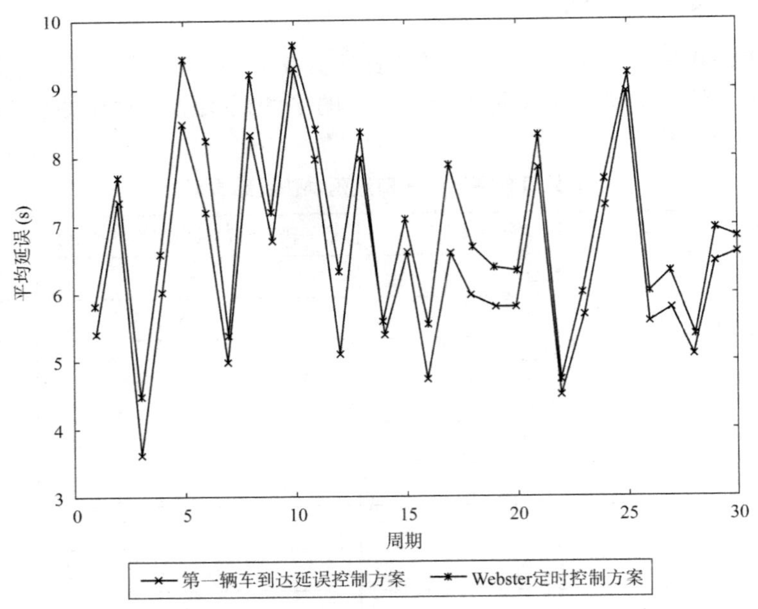

图 5-32 两种控制下的延误方式

由表 5-12 的仿真结果可知,使用第一辆车到达延误控制方案后交叉口的车辆平均延误最大减少 19.23%,最小减少 2.63%,且 Webster 定时控制方案 30 次仿真结果的车辆平均延误为6.98s,第一辆车到达延误控制方案 30 次仿真结果的车辆平均延误为 6.43s,使用第一辆车到达延误控制方式车辆延误平均减少 7.88%,由此可见第一辆车到达延误控制方案优于 Webster 定时控制方案。

5.9 本章小结

本章首先介绍了第一辆车到达时间的提取方法。选取学府大道与三号门交叉口作为本书调查对象,获取了学府大道与三号门交叉口北进口道和渝南分流道—民主新街交叉口的直行车道红灯期间第一辆车到达时间数据,对红灯期间第一辆车到达时间特征进行分析。较为详细地分析了延误的影响因素。并通过正交试验设计试验方案,构筑仿真平台,对正交试验设计的试验方案进行仿真,对第一辆车到达影响因素进行了细致地分析。

接着介绍了本书预测所用到的预测理论基础,论述了 Elman 神经网络模型的原理与算法,总结出小波理论的分析方法和混沌识别的方法。并分析了小波分析方法和小波分析-Elman 神经网络模型的特点,给出预测的流程。之后详细阐述了小波分析-Elman 神经网络模型的预测算法及模型构建过程;运用小波分析-Elman 神经网络模型对第一辆车到达时间进行了预测,预测结果能够较为准确的预测红灯期间第一辆车到达交叉口的时间,验证了模型的有效性,为交通领域预测第一辆车到达时间提供了一种有效的方法。

最后本书介绍了两类延误调查方法及提取实测进口道延误的过程,同时介绍了经典 Webster 延误提取模型的推导过程,并分析第一辆车到达时间与延误提取模型之间的关系,构建了基于第一辆车到达时间的进口道延误提取模型；又对使用 Webster 延误模型、基于第一辆车到达时间的延误模型计算的延误值分别与实测延误值进行了对比，得出了本书所构建的模型能在一定程度上提高延误计算精度，并且在一定程度上降低了车辆随机到达对延误计算精度的影响；该部分最后利用所构建的模型提出了基于平均延误最小的实时信号配时优化模型，对拟定的典型十字交叉口进行实时控制方案设计，通过 COM 接口连接 VISSIM 仿真平台与 MATLAB 数据处理平台进行仿真，并通过与 Webster 配时法计算的定时控制对比验证了书中控制方案的优越性以及本书所构建的模型的实用性。

第6章　基于轨迹重构的延误推算分析

在实际交叉口中，摄像头不能把每一辆车全部的运行状态拍摄下来，车辆在进入摄像头拍摄区域前，车辆运行状态就已经发生改变，尤其是排队车辆中后面的车辆，同时由于车辆间的相互遮挡，可能很难从视频上获取准确的车辆数据信息，没有办法得到较为准确的交叉口延误信息。本章节提出了一种基于轨迹重构的延误推算分析方法进行计算交叉口延误。

6.1　数据来源

本书所运用的数据来源有2种，一种是基于仿真软件模拟提取的数据，一种是实地视频提取的数据。

6.1.1　仿真数据

通过VISSIM仿真软件对交叉口的车辆进行仿真模拟（图6-1），单车道车辆输入为400pcu/h，车辆期望运行速度为40km/h，仿真时长为3600s，仿真步长为0.2s，交叉口长度为106.38m，信号周期为1min，其中红灯40s，绿灯20s。仿真参数如表6-1所示。

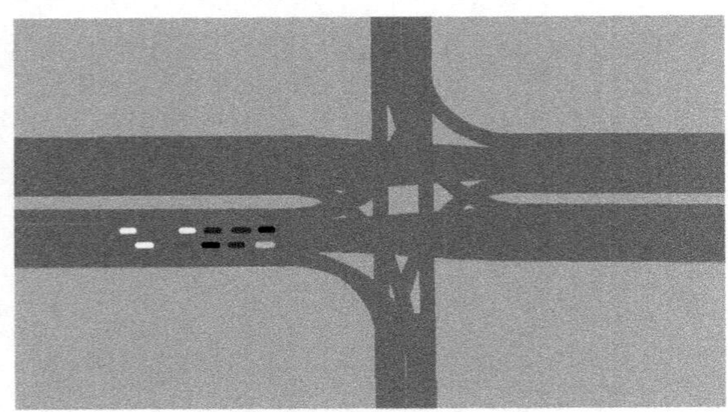

图6-1　仿真界面

VISSIM仿真参数　　表6-1

参　数	具体数值	参　数	具体数值
车辆输入	400pcu/h	仿真步长	0.2s
车辆期望速度	40km/h	交叉口长度	106.38m
仿真时长	3600s	信号配时	周期1min，红灯40s，绿灯20s

按照上述参数进行交叉口绘制以及参数输入。仿真完成后，软件内有仿真评估功能，可以导出本次仿真所需要的车辆数据。本书需要的数据有每一仿真步长对应的时间、车辆编

号、车辆位置、车辆速度、车辆加速度以及车辆延误。

6.1.2　现场视频数据

考虑到坡度以及弯道会对实验解产生影响，交叉口选择时应考虑道路平坦且无明显坡度，并具有典型交叉口交通特性的交通特征。

本书选取的点为位于重庆市沙坪坝区西双大道与永祥路交叉口，该交叉口的现状为：北进口道有两条直行车道、一条左转以及一条右转车道，南出口道由三条直行车道组成；西进口道由三条直行车道以及一条左转、一条右转车道组成，东出口道由三条直行车道组成，如图 6-2 所示。

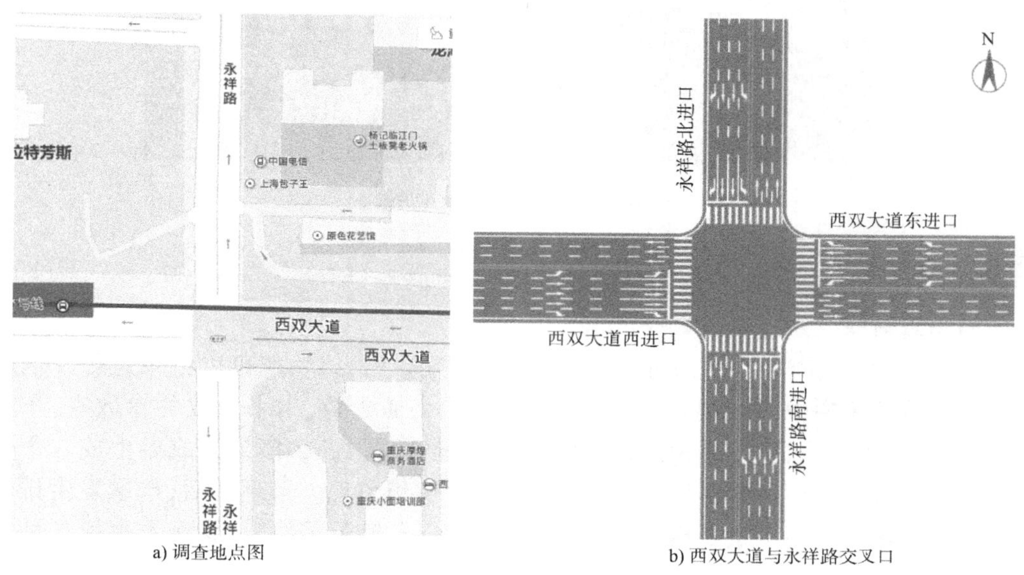

a) 调查地点图　　b) 西双大道与永祥路交叉口

图 6-2　交叉口现状

调查点西双大道与永祥路交叉口信号配时实施四相位控制，周期时长为 95s。第一相位东西直行，绿灯时长 38s，黄灯 3s，红灯 54s；第二相位东西左转、右转，绿灯时长 13s，黄灯 3s，红灯 79s；第三相位北进口直行和左转右转、南进口右转，绿灯 18s，黄灯 3s，红灯 74s；第四相位南进口直行和左转右转、北进口道车辆右转、东进口右转，绿灯时长 17s，黄灯 3s，红灯 75s。本书只研究东西直行车道的车辆，其信号配时如图 6-3 所示。

图 6-3　西双大道与永祥路交叉口信号配时方案图

本次视频数据的提取位置如图 6-4 中红框所示，提取所选两个直行道通过交叉口的数据，第三个直行道由于车辆较少舍弃。

根据现场调查的交叉口数据，结合视频数据提取软件，可以提取车辆在通过交叉口时位置、时间、速度、加速度等车辆状态信息。

图 6-4 交叉口断面位置及车道选择图

6.1.3 提取过程

(1)仿真数据

在仿真软件内,有一个“Evaluation”(评估)的菜单栏,该功能可以记录运行车辆的实时信息,在该菜单栏中的配装选项内,选取需要的交通参数,本书选取的参数有:车辆编号、仿真时间、车辆位置、车辆速度、车辆加速度、车辆延误。在模拟完成后生成一个包含上述参数的文件,之后将数据导入 EXCEL,并进行初步整理。整理过后,选取发生排队的周期,并且排队车辆不少于 6 辆,将这些周期内所有车辆数据提出,结合本书模型进行相关计算。

(2)视频数据

将现场拍摄视频的格式进行转换,转换为 avi 格式。打开视频提起软件并载入 avi 格式的视频文件。首先在视频区进行尺度标定,通过软件的坐标变换功能实现车辆实时位置的确定。之后在车辆目标标定区增加车辆目标,再在视频区进行车辆逐帧跟踪标点。车辆轨迹跟踪完之后,软件进行计算,车辆在通过交叉口时位置、时间、速度、加速度等车辆状态信息会显示在实时车辆状态信息区域。之后将数据导入 EXCEL,并进行初步整理。整理过后,选取发生排队的周期,并且排队车辆不小于 6 辆,将这些周期内所有车辆数据提出,结合本书模型进行相关计算。

6.2 车辆运行关键点

要进行轨迹重构,并进行延误计算,首先要确定每一辆车通过交叉口时车辆运行的关键点,本书中所要确定车辆运行中的关键点共有 4 个,分别是车辆减速时间点、车辆停车时间点、车辆启动时间点以及车辆恢复正常行驶速度点。

6.2.1 车辆停车时间点

车辆停车时间为车辆进入交叉口时,因信号灯控制减速停车,车辆运行速度变为 0 的时间点。本书假设可以得到每一周期中排队车辆前 4 辆车的停车时间点,应用以下方法进行推算后续车辆的停车时间点。

根据 Webster 延误模型,交叉口车辆到达服从泊松分布,公式为

$$P_k = \frac{(\lambda t)^k}{k!}e^{-\lambda t} \tag{6-1}$$

式中:P_k ——在计数间隔 t 内到达 k 辆车的概率;

λ ——平均到达率,veh/h;

t ——每个计数间隔持续的时间,s。

在本书交叉口中,λ 为交叉口上游车辆到达率 q,t 为交叉口第 k 辆车的车辆到达时刻 t_d^k(以红灯开始为该周期的 0 时刻),该式表示的是在周期内,经过 t_d^ks 后,到达车辆分布的概率,如式(6-2)所示

$$P_k = \frac{(qt_d^k)^k}{k!}e^{-qt_d^k} \tag{6-2}$$

运用上式可以计算出处于交叉口车辆数的概率,为模拟车辆到达随机,运用随机数确定每个时长(1s)情况下,车辆是否到达,进而得到交叉口存在的车辆数以及车辆到达时间。具体步骤如下:

第一步:对于需要检测延误的车道,当周期开始,即上一个绿灯相位结束后,根据数据提取第 k 辆车(这里 k 为 4,即从数据中可以得到每一周期中排队车辆第 4 辆车的停车时间点)的车辆到达时刻 t_d^k(以红灯开始为该周期的 0 时刻)。

第二步:结合相关参数,列出交叉口已知 k 辆车到达时间的情况下,第 $k+1$ 车辆分布概率函数

$$P_{k+1} = \frac{(qt_d^{k+1})^{k+1}}{(k+1)!}e^{-qt_d^{k+1}} \tag{6-3}$$

式中:P_{k+1}——在 t_d^{k+1} 内到达 $k+1$ 辆车的概率;

q ——平均到达率,veh/h;

t_d^{k+1}——第 $k+1$ 辆车到达时刻,s。

第三步:由于 t_d^{k+1} 未知,令 $t_d^{k+1} = t_d^k + i\Delta t, i = 1,2,\cdots n, \Delta t = 1$s。

(4)取一个随机数 R, $R \in [0,1]$,若 $R < P_{k+1}$,则认为第 $k+1$ 辆车在 $t_d^k + i\Delta t$ 时间到达,并令 $k+1 = k$,返回第二步,计算后续辆车到达时刻;若 $R > P_{k+1}$,则认为第 5 辆车没有在 $t_d^k + i\Delta t$ 时间到达,令 $i = i+1$,返回第三步。

根据以上步骤,推算出每个周期内每个停车车辆的停车时刻。

6.2.2 车辆减速时间点

书中以道路设计运行速度作为车辆自由行驶速度,车辆减速时刻即车辆由自由行驶速度开始减小的点,该点就是车辆在通过交叉口的过程中,开始产生延误的时间点。

以自由速度行驶的车辆，在减速过程中经历由快到慢的减速过程，减速之初加速度由0逐渐减小，减速之末加速度逐渐增大至0。人在减速运行过程中会感受到车体的加速度，当加速度绝对值大于某一限值时，人会感到不舒适，并且不舒适程度随着加速度绝对值的增大而增大。

根据车辆减速过程的特征，将车辆减速过程的速度变化近似地视为一种双曲正弦函数

$$v = -\left(\frac{v_0}{2} + \Delta v\right)\tanh\left[k(t-\tau)\right] + \frac{v_0}{2} \tag{6-4}$$

式中：v_0——车辆自由行驶速度；

k——车辆速度变化快慢参数；

τ——车辆减速时间中点；

v——速度变量；

t——时间变量；

Δv——大于0的微小增量常数。

以不同 $k = k_1, k_2$ 做式(6-4)的 $v-t$ 曲线，如图6-5所示。

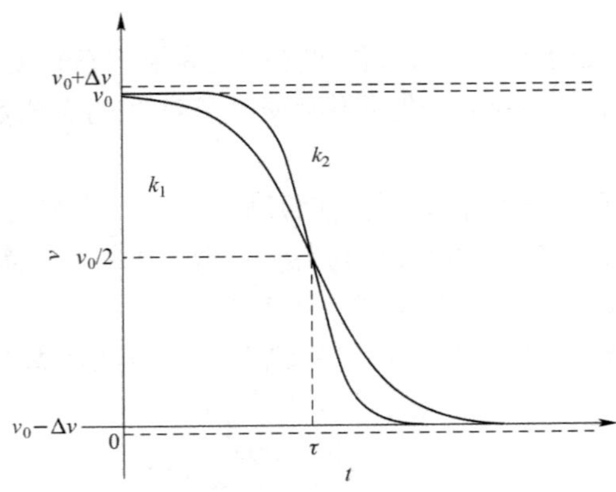

图6-5 车辆减速 $v-t$ 图

从图6-5中可以看出，不同 k 值条件下，由自由速度 v_0 减速至0的车辆的运动规律，其图像关于点 $\left(\tau, \frac{v_0}{2}\right)$ 中心成单调函数。可以通过改变 k 值达到调控曲线变化快慢的目的。在 $[0,\tau]$ 期间，车辆加速度由0逐渐减小，到 τ 时达到加速度的最小值；在 $[\tau, 2\tau]$ 期间，车辆加速度逐渐增大，到 2τ 时加速度为0。

在车辆初速度 v_0 已知的条件下，可根据 k 值确定时间常数 τ，如式(6-5)

$$\tau = \frac{1}{k}\operatorname{artanh}\left(\frac{\frac{v_0}{2}}{\frac{v_0}{2} + \Delta v}\right) \tag{6-5}$$

当车辆由初速 v_0 减速至0时，由上面的分析可知 $t = 2\tau$。此时对式(6-4)积分，得车辆停车运行的距离 s

$$s = -\frac{2\left(\frac{v_0}{2}+\Delta v\right)}{k}\ln\left\{\cos\left[\mathrm{artan}h\left(\frac{\frac{v_0}{2}}{\frac{v_0}{2}+\Delta v}\right)\right]\right\}+v_0\frac{1}{k}\mathrm{artan}h\left(\frac{\frac{v_0}{2}}{\frac{v_0}{2}+\Delta v}\right) \tag{6-6}$$

根据上述公式可知，车辆初速、末速确定情况下，k 值唯一确定了车辆的目标 $v-t$ 曲线，从而也确定了其自身的运行时间和距离。

根据式(6-4)可得车辆加速度

$$a = -\frac{\mathrm{d}v}{\mathrm{d}t} = -\frac{\left(\frac{v_0}{2}+\Delta v\right)k}{\cosh^2[k(t-\tau)]} \tag{6-7}$$

根据上式，$\max(|a|) = \left(\frac{v_0}{2}+\Delta v\right)k$。

由于$\left(\frac{v_0}{2}+\Delta v\right)$可先行确定，那么 k 值也就规定了加速度的范围，根据车辆一般加速度选择合理的 k 值就可得到相应的车辆减速时刻。

6.2.3　车辆起动时间点

车辆起动时间点即信号灯由红灯转为绿灯后，车辆由停止状态转为加速状态的时间点。根据 HCM2000 定义，第一车头时距为绿灯开启时刻到排队头车前保险杠到达停车线的时间间隔，第二车头时距为排队头车前保险杠到达停车线的时刻到排队中第二辆车前保险杠到达停车线的时间间隔，随后的车头时距以此类推。4 辆车后，后续车辆以稳定的速度通过停止线，这些车辆的车头时距相对而言是一个常数 h，如图 6-6 所示，那么车辆起动时间间隔也同样为一种常数。

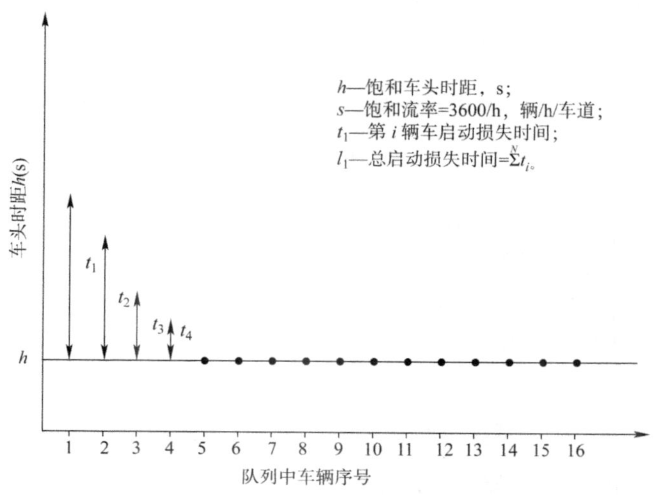

图 6-6　饱和流率与损失时间概念图

本书背景为已知每个周期前 4 辆车到达及起动时刻，那么第 4 辆车起动时刻加起动时间间隔即为第 5 辆车起动时间，随后的起动时间以此类推。

根据交通流基本三参数的定义，平均车头时距和平均车头间距为流量和密度的倒数

$$\bar{h}_t = \frac{3600}{Q} \tag{6-8}$$

若假设两车通过的断面为前车保险杠,那么前车通过时间为0,后车通过时间分为2部分,反应时间与行驶时间 t_x 。反应时间为车辆启动时间间隔 t_Δ,即可得

$$t_\Delta = \bar{h}_t - t_x$$

$$t_x = \frac{\bar{h}_t}{v_x} \tag{6-9}$$

6.2.4 车辆恢复正常行驶速度点

车辆恢复正常行驶速度点即车辆在信号灯绿灯亮起后,车辆由加速运动转变为正常匀速行驶的时间点。

在车辆加速运动规律的探讨上,国内外对此有较为深入细致的研究,AASHTO(美国各州公路与交通工程者协会)曾以匀加速模型来描述实际的加速过程,近年来更以线性减少的变加速运动模型来描述起动加速过程。

图6-7是所提取的视频数据中一条典型的车辆起动加速特征曲线,从曲线变化趋势可以看到,该过程可以由二次曲线来描述,这与前述的车辆加速过程的匀变加速的假设相吻合,由匀变加速直线运动方程可得

$$v = \frac{1}{2}\frac{\mathrm{d}a}{\mathrm{d}t}t^2 + a_0 t \tag{6-10}$$

式中:v ——车辆在起动加速过程中任意时刻的速度;

$\frac{\mathrm{d}a}{\mathrm{d}t}$ ——车辆在起动加速过程中加速度的变化率;

a_0 ——车辆初始加速度。

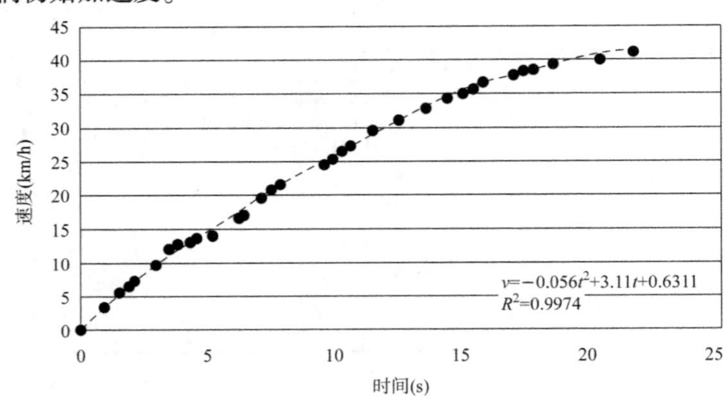

图6-7 车辆加速典型速度特征曲线

根据速度—加速度的关系类比加速度与加速度变换关系,二者之间基本呈线性关系

$$a = a_0 - \frac{\mathrm{d}a}{\mathrm{d}t}t \tag{6-11}$$

式中:a——车辆在起动加速过程中任意时刻的加速度。

在车辆恢复正常行驶速度的时刻,加速度为0,速度为 v_0,带入式(6-10)可得加速时间 t_e

$$t_e = \frac{a_0}{\frac{\mathrm{d}a}{\mathrm{d}t}} \tag{6-12}$$

式中：t_e——加速时间。

根据车辆起动时间点，加速时间即为车辆恢复正常行驶速度点；对式(6-10)进行积分即为加速阶段车辆行驶距离。

6.3　轨迹重构以及延误推算

车辆通过交叉口时，一共会产生 3 种延误，分别为减速延误、停车延误与加速延误，如图 6-8所示。

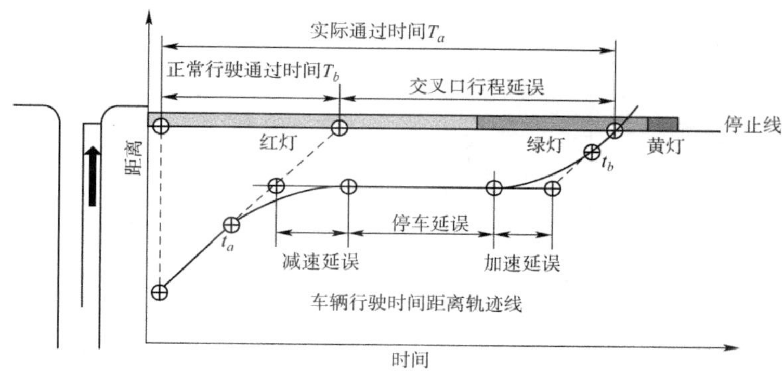

图 6-8　信号控制交叉口车辆延误

具体计算方式如式(6-13)所示

$$d = t_b - t_a - T_b \tag{6-13}$$

式中：d——车辆通过交叉口所产生延误；

t_a——车辆减速时间点；

t_b——车辆恢复正常行驶速度点；

T_b——正常行驶通过交叉口所需时间。

根据数据以及上述模型进行轨迹重构以及延误推算。

6.3.1　基于仿真数据轨迹重构以及延误推算

实验条件为：车辆到达率为 400veh/h，即 0. 11veh/s，信号灯周期为 60s，车辆期望速度 40km/h。

(1)车辆停车时间点

根据前述的设定，前 4 辆车数据已知，车辆到达分布概率函数为

$$P_k = \frac{(0.11t)^k}{k!} e^{-0.11t} \tag{6-14}$$

车辆停止点计算结果如表 6-2 所示。

车辆到达时间估算结果

表 6-2

周期	车辆位置	仿真到达时刻(s)	推算到达时刻(s)	相对误差(%)
1	5	30.6	30.2	1.3
	6	35.8	34.6	3.4
2	5	32.6	33.4	2.5
	6	36	35.4	1.7
	7	40.2	44.8	11.4
3	5	35.6	35.0	1.7
	6	38.6	36.7	4.9
4	5	33.4	31.2	6.6
	6	38.8	34.4	11.3
5	5	26.4	30.6	15.9
	6	28.3	32.6	15.2
	7	37.4	36.2	3.2
6	5	31.4	33.4	6.4
	6	38.6	37.2	3.6
总计				6.4

根据表 6-2 中的数据，车辆推算到达时刻的相对误差在 20% 以下。

(2) 车辆减速时间点

根据数据，排队车辆平均加速度与对应 k 值如表 6-3 所示。

平均加速度与 k 值

表 6-3

排队车辆	平均加速度(m/s^2)	k 值
1	-2.33	0.419
2	-2.26	0.407
3	-2.15	0.387
4	-2.06	0.371
5	-1.41	0.254
6	-0.96	0.172
7	-0.61	0.110
8	-0.55	0.099

根据式(6-5)计算车辆减速时间，计算结果如表 6-4 所示。

车辆减速时刻估算

表 6-4

周期	车辆位置	仿真减速时刻(s)	推算减速时刻(s)	相对误差(%)
1	1	0.6	1.1	83.3
	2	10	10.3	3.0
	3	16	16.1	0.6
	4	21.6	21.5	0.5
	5	19.7	23.4	18.8
	6	25.1	24.5	2.4
2	1	1.8	2.1	16.7
	2	3.0	6.3	110.0
	3	15.0	15.1	0.7
	4	24.8	24.7	0.4
	5	26.0	26.6	2.3
	6	26.2	25.3	3.4
	7	29.6	29.0	2.0
3	1	5.0	5.5	10.0
	2	10.0	10.3	3.0
	3	12.9	13.0	0.8
	4	20.1	20.0	0.5
	5	26.3	28.2	7.2
	6	28.2	26.6	5.7
4	1	6.1	6.6	8.2
	2	14.8	15.1	2.0
	3	16.8	16.9	0.6
	4	23.2	23.1	0.4
	5	23.4	24.4	4.3
	6	26.8	24.3	9.3
5	1	2.9	3.4	17.2
	2	8.6	8.9	3.5
	3	13.0	13.1	0.8
	4	18.9	18.8	0.5
	5	20.2	23.8	17.8
	6	17.8	22.5	26.4
	7	25.1	20.4	18.7
6	1	7.9	8.4	6.3
	2	12.1	12.4	2.5
	3	19.1	19.2	0.5
	4	24.2	24.1	0.4
	5	24.4	26.6	9.0
	6	25.9	27.1	4.6
总计				10.6

根据表 6-4 中的数据，车辆推算减速时刻的相对误差在前几辆车会存在较大误差，但不超过 4s，总体误差在 10.6%。

(3) 车辆起动时间点

根据城市道路工程设计规范(CJJ 37—2012)和交通工程导论，结合仿真数据，仿真所对应道路等级对应的最大流量为 1650pcu/h，交叉口平均车头间距为 6.05m，结合式(6-9)，车辆起动时间间隔为 1.18s，车辆起动时刻估算结果如表 6-5 所示。

车辆起动时刻估算 表 6-5

周期	车辆位置	仿真起动时刻(s)	推算起动时刻(s)	相对误差(%)
1	5	44.40	44.38	0.05
	6	45.60	45.56	0.09
2	5	44.00	44.18	0.41
	6	45.00	45.36	0.80
	7	46.20	46.54	0.74
3	5	44.20	44.18	0.05
	6	45.40	45.36	0.09
4	5	44.20	44.18	0.05
	6	45.40	45.36	0.09
5	5	44.20	44.18	0.05
	6	45.40	45.36	0.09
	7	46.20	46.54	0.74
6	5	44.20	44.18	0.05
	6	45.00	45.36	0.80
总计				0.29

根据表格数据，车辆推算起动时刻的相对误差不超过 1%，总体在 0.29%。

(4) 车辆恢复正常行驶速度点

根据式(6-12)，计算得车辆恢复正常行驶速度时刻结果如表 6-6 所示。

车辆恢复正常行驶速度时刻估算 表 6-6

周期	车辆位置	仿真恢复时刻(s)	推算恢复时刻(s)	相对误差(%)
1	1	45.60	47.37	3.88
	2	46.60	46.70	0.21
	3	47.40	47.93	1.12
	4	49.00	49.54	1.10
	5	50.40	50.76	0.71
	6	51.40	52.23	1.61

续上表

周期	车辆位置	仿真恢复时刻(s)	推算恢复时刻(s)	相对误差(%)
2	1	45.40	46.27	1.92
	2	46.60	46.94	0.73
	3	47.40	47.95	1.16
	4	48.60	49.27	1.38
	5	49.80	50.14	0.68
	6	50.20	51.77	3.13
	7	51.80	52.85	2.03
3	1	45.80	46.04	0.52
	2	47.00	47.07	0.15
	3	48.20	48.65	0.93
	4	49.40	49.11	0.59
	5	50.80	50.14	1.30
	6	52.00	51.67	0.63
4	1	45.60	46.41	1.78
	2	46.80	47.21	0.88
	3	47.40	48.22	1.73
	4	49.20	49.16	0.08
	5	50.20	50.51	0.62
	6	51.40	51.47	0.14
5	1	45.40	45.86	1.01
	2	46.40	47.46	2.28
	3	47.60	48.20	1.26
	4	48.80	49.42	1.27
	5	49.60	50.22	1.25
	6	50.40	51.50	2.18
	7	52.20	52.82	1.19
6	1	45.60	46.03	0.94
	2	46.60	47.06	0.99
	3	47.40	48.62	2.57
	4	49.00	49.38	0.78
	5	50.40	50.13	0.54
	6	51.40	51.69	0.56
总计				1.21

根据表 6-6 中的数据，车辆恢复正常行驶速度时刻推算相对误差不超过 5%，总体在 1.21%。

(5)重构轨迹图与仿真原始轨迹对比

应用上述方法,进行轨迹重构,画出 $x-t$ 图像,如图 6-9 所示(以一个周期为例)。

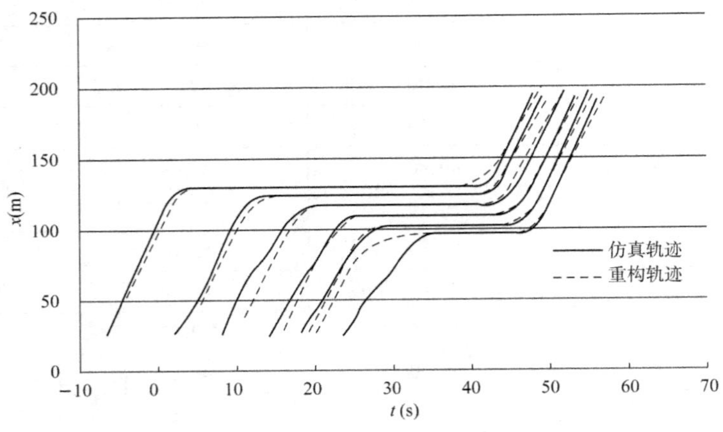

图 6-9 重构轨迹图与仿真轨迹

结合数据和图像,在车辆减速阶段,重构方法在减速开始时减速度较小,之后逐渐增大再逐渐减小,反映到图像上的减速轨迹就会比较陡;在加速阶段重构方法在加速阶段加速度较大,之后逐渐减小,反映到图像上的减速轨迹就会比较缓。

(6)延误对比

根据式(6-13)以及推算结果,进行仿真延误值与推算延误值的对比,假设前 4 辆车延误可测,那么其延误不需要推算,可直接提取延误,下面对后续车辆延误进行相应推算,结果如表 6-7 所示。

仿真延误与推算对比 表 6-7

周期	车辆位置	仿真延误(s)	推算延误(s)	相对误差(%)
1	5	15.6	16.36	4.9
	6	11.6	13.63	17.5
周期延误		21.4	21.84	2.1
2	5	13	12.54	3.5
	6	10.2	12.37	21.3
	7	7.8	4.25	45.5
周期延误		18.91	18.65	1.4
3	5	11	10.94	0.5
	6	9.4	10.97	16.7
周期延误		20.6	20.85	1.2
4	5	12.6	15.11	19.9
	6	8.6	13.07	52.0
周期延误		18.35	19.51	6.3

续上表

周期	车辆位置	仿真延误(s)	推算延误(s)	相对误差(%)
5	5	19	15.42	18.8
	6	18.1	14.9	17.7
	7	11	12.82	16.5
周期延误		21.96	21.25	3.2
6	5	14.8	12.53	15.3
	6	8.8	10.49	19.2
周期延误		18.28	18.19	0.5
总计				2.4

假设前 4 辆车延误不可直接测得，那么须用本书的方法进行推算，推算结果如表 6-8 所示。

仿真延误与推算对比　　表 6-8

周期	车辆位置	仿真延误(s)	推算延误(s)	相对误差(%)
1	1	35.00	35.57	1.63
	2	26.90	27.00	0.37
	3	22.00	22.53	2.41
	4	17.30	17.84	3.12
	5	15.60	16.36	4.87
	6	11.60	13.63	17.50
周期延误		21.4	22.15	3.50
2	1	33.80	34.67	2.57
	2	30.90	31.24	1.10
	3	23.00	23.55	2.39
	4	13.70	14.37	4.89
	5	13.00	12.54	3.54
	6	10.20	12.37	21.27
	7	7.80	4.25	45.51
周期延误		18.91	19.00	0.48
3	1	30.80	31.04	0.78
	2	27.30	27.37	0.26
	3	25.90	26.35	1.74
	4	19.20	18.91	1.51
	5	11.00	10.94	0.55
	6	9.40	10.97	16.70
周期延误		20.6	20.93	1.60

续上表

周期	车辆位置	仿真延误(s)	推算延误(s)	相对误差(%)
4	1	29.50	30.31	2.75
	2	22.30	22.71	1.84
	3	21.20	22.02	3.87
	4	15.90	15.86	0.25
	5	12.60	15.11	19.92
	6	8.60	13.07	51.98
周期延误		18.35	19.85	8.17
5	1	32.50	32.96	1.42
	2	28.10	29.16	3.77
	3	25.20	25.80	2.38
	4	19.80	20.42	3.13
	5	19.00	15.42	18.84
	6	18.10	14.90	17.68
	7	11.00	12.82	16.55
周期延误		21.96	21.64	1.46
6	1	27.70	28.13	1.55
	2	24.80	25.26	1.85
	3	18.90	20.12	6.46
	4	14.70	15.08	2.59
	5	14.80	12.53	15.34
	6	8.80	10.49	19.20
周期延误		18.28	18.6	1.75
总计				8.53

根据上表,单个车辆延误在周期内后几辆车会出现较大相对误差,但绝对误差在5s以内,周期延误相对误差在10%以内。

6.3.2 基于视频数据轨迹重构以及延误推算

(1)重构轨迹图与视频轨迹对比

图6-10为一个周期内,车辆的重构轨迹与视频轨迹图。在减速阶段前,视频中车辆轨迹的速度比重构车辆轨迹的速度较快;在减速阶段,重构轨迹车辆减速在开始较快,后期较慢,与模型相符,总体与原轨迹比较契合;在后几辆车的停车位置上有一些小的误差,因为后几辆车的停车位置为估算值;在加速阶段,重构轨迹车辆在开始时加速度较大,也与模型相符。

(2)延误对比

根据6.2与6.3的方法,对车辆延误进行提取,结果如表6-9所示。

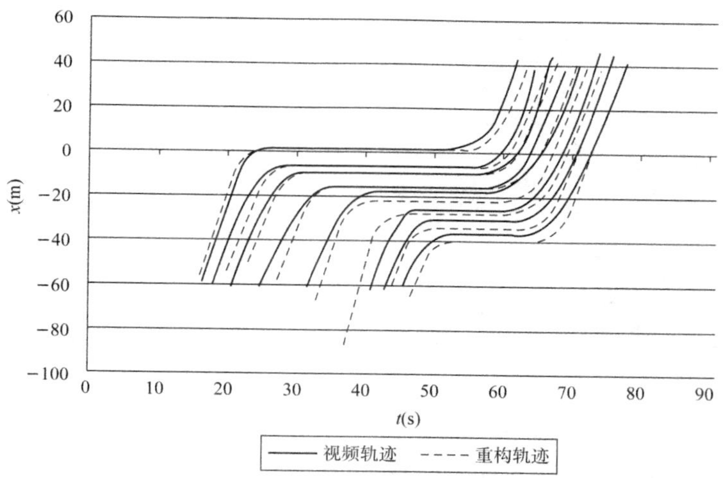

图 6-10　重构轨迹与视频轨迹图

视频推算延误值

表 6-9

车辆	推算减速时间(s)	位置(m)	推算停车时间(s)	推算起动时间(s)	位置(m)	推算加速完成时刻(s)	位置(m)	延误(s)
1	20.86	-11.66	25.00	55.75	0.63	63.91	40.62	35.19
2	24.24	-19.99	28.50	57.67	-6.75	66.31	38.06	33.09
3	26.22	-25.21	30.70	58.39	-10.25	66.93	33.55	31.13
4	30.12	-32.73	34.80	60.59	-16.26	68.77	23.90	28.09
5	34.17	-55.58	41.00	61.77	-22.31	70.63	24.75	23.32
6	37.22	-87.02	47.30	62.95	-28.36	71.44	14.84	17.73
7	45.26	-48.24	49.60	64.13	-34.41	73.97	23.73	15.99
8	47.84	-56.07	52.40	65.31	-40.46	74.66	12.05	13.23
总计								24.72

由表 6-9 可知，该周期交叉口延误为 24.72s。

表 6-10 为视频数据中 6 个周期的估算延误与人工延误对比。

视频延误计算结果

表 6-10

周　期	车辆编号	估算延误(s)	人工延误(s)	相对误差(%)
1	5	10.81	9	16.74
进口道延误		21.58	22.68	5.1
2	5	23.32	24	2.92
	6	17.73	16	9.76
	7	15.99	15	6.19
	8	13.23	13	1.74
进口道延误		24.72	24.29	1.74

续上表

周　期	车辆编号	估算延误(s)	人工延误(s)	相对误差(%)
3	5	8.45	12	42.01
	6	6.81	10	46.84
进口道延误		19.52	23.15	18.60
4	5	15.62	17	8.83
	6	7.45	7	6.04
进口道延误		23.72	25.33	6.79
5	5	25.74	27	4.9
	6	18.69	19	1.66
	7	11.52	14	21.53
进口道延误		23.1	24.21	4.81
6	5	20.46	23	12.41
	6	17.5	20	14.29
进口道延误		24.71	25.67	3.89

由表6-10可知，单车延误的绝对误差在后面几辆车会出现较大的相对误差。

6.4 误差原因分析

在本书模型中，由于模型类别以及模型参数的原因，推算延误数据存在一些误差，所以在整理这些数据时，首先应对实验数据的可靠性进行客观的评定。

误差分析的目的就是评定实验数据的精确性，通过误差分析，认清误差的来源及其影响，并设法减小或消除误差，提高实验的精确性。

本书中，将仿真数据和现场视频数据近似地认为是真值，主要分析推算结果与原数据之间的误差。

绝对误差：推算值与其原数据之差的绝对值。

$$D = |X - x| \tag{6-15}$$

式中：D——绝对误差；

X——原数据；

x——推算值。

相对误差：绝对误差与原数据值之比。

$$Er = \frac{D}{|X|} \tag{6-16}$$

相对误差常用百分数或千分数表示。

下面对本书中产生误差的原因做出相关分析。

(1)车辆停车位置

重构轨迹与原轨迹在车辆停车位置上会出现误差，重构车辆在推算车辆停车位置时，应用的是交叉口饱和车头间距,交叉口饱和车头间距为一个常数,但在实际情况中,影响车头间距的因素较多,例如车型、天气、驾驶员性格、驾驶员情绪等,所以造成在车辆停车位置上会有一定出入。

(2)加减速时刻及位置

重构车辆在推算车辆减速时刻及位置时,将车辆速度变化近似为双曲正弦函数,速度变化呈现一种“慢—快—慢”的行驶,这也较符合驾驶员在减速过程的心理状态,但在实际情况中,影响因素过多,主要表现在车型、天气、驾驶员性格、与前车距离等,在车辆加速阶段,主要影响的因素有车型、车况、驾驶员反应时间和车距等,所以车辆加减速形式多样。可能有些形式与本书的车辆加减速时的模型不一样,出现一些误差。

(3)车辆自由通过时间

本书中车辆自由通过时间为车辆加速完成时刻位置减去车辆减速开始时刻位置之差与车辆正常行驶速度之比。在实际情况中,车辆自由行驶速度受车型、天气、驾驶员性格以及路况等因素影响,会与本文假定的车辆正常行驶速度有些出入。

(4)每个周期内后几辆车延误的相对误差

本书中,每个周期内后几辆车延误的相对误差会比较大,主要原因是后几辆车的实际延误值较小,而推算产生的绝对误差变化范围一定,导致比值较大,相对误差较大。

6.5　本章小结

本章利用仿真软件提供的轨迹数据和基于视频录像提取的轨迹数据为真实数据,分别分析了只有前 4 辆车信息已知的情况下,通过轨迹重构的方法获取信号交叉口延误的方法,并通过实例验证了方法的精度情况。

第7章　研究结论

7.1　研究结论

山地城市由于其独特的地形，曲线路段和道路纵坡大的路段比例较多，尽可能准确地获取山地城市信号交叉口的车辆延误参数不仅有助于客观评价山地城市信号交叉口的运行状态，同时也是优化交叉口信号控制方案，提高其通行效率的重要方法之一。本项目以目前信号交叉口广泛设置的监控摄像头为契机，对山地城市信号交叉口的车辆延误参数获取方法进行了探索，主要研究结论可以总结为：

(1)通过对山地城市曲线路段和纵坡路段的车辆速度进行实地观测和分析，拟合得到了曲线路段以及不同纵坡情况下的车辆运行速度模型。

(2)对经典的延误模型进行了解析，并通过对坡度为－4.5%进口道的车辆运行进行分析，提出了考虑坡度并改进的延误模型，结果表明，改进后的Webster、Miller、Akcelik和HCM2010的延误精度分别提高了11.38%、6.59%、12.29%和18.31%。

(3)考虑保守情况下摄像头获取第一辆车的到达及离去信息，拟合了第一辆车的到达时间分布函数，并通过仿真试验验证了第一辆车到达时间的影响因素，建立了相应的模型预测第一辆车的到达时间及进口道延误的推算方法，并分析了该方法对配时产生的影响。

(4)考虑监控场景下前4辆车的到达及离去信息已知时，借助车辆到达分布函数，推算后续到达车辆的到达及离开轨迹曲线，进而推算交叉口的延误值，通过仿真和实际视频数据验证，该方法的误差分别为6.4%和24.72%。

7.2　研究方向

项目研究中有待进一步研究的方面主要有：

(1)项目研究主要针对单独交叉口，即该交叉口不受上游及下游交叉口影响下的延误参数提取进行了分析，且为未饱和状况下的参数提取，后续对于受上下游影响及饱和情况下的参数提取有待进一步分析。

(2)对于轨迹重构部分的研究，项目中没有考虑前4辆已知车辆的检测数据误差，后续需要考虑前4辆车的检测误差进行分析，并进一步提高数据获取的精度。

参考文献

[1] 邹建. 浅谈道路线形设计对交通安全的影响及改善措施[J]. 公路,2002(6):42-47.

[2] 云清. 2014 年交通运输行业发展统计公报(公路部分)[J]. 商用汽车,2015,(5):128-130.

[3] Lamm R., Hayward J. C., Cargin J. G.. Comparison of different procedures for evaluating speed consistency[J]. Transportation Research Record, 1986:10-20.

[4] Lamm R., Choueiri E. M., Hayward J. C., et al. Possible design procedure to promote design consistency in highway geometric design Oil two – lane rural road[J]. Transportation Research Record, 1988:111-122.

[5] LammR., Choueiri E. M., Mailaender T. Comparison of operating speeds on dry and wet pavements of two – lane rural highways[J]. Transportation Research Record, 1990:199-207.

[6] Islam M. N., Seneviratne P. N.. Evaluation of design consistency of two – lane rural highways[J]. Ite Journal, 1994, 64(2):28-32.

[7] McFadden J., Elefteriadou L.. Evaluating horizontal alignment design consistency of two – lane rural highways: development of new procedure[J]. Transportation Research Record, 2000:9-17.

[8] Bucchi A, Biasuzzi K, Simone A. Evaluation of Design Consistency: A New Operating Speed Model For Rural Roads on Grades[J]. Washington, DC. 2005, Transportation Research Record 1701, 76-85.

[9] Crisman B., Marchinona A., PercoP., Roberti R.. Operating Speed Prediction Model for Two – lane Rural Roads[C]. 3Rd Intenational Symposium on Highway Geometric Design Chicago Transportation Research Board(TRB), 2005:1-9.

[10] Krammes J L O R A, Krammes R A. Speed – Profile Model for a Design – Consistency Evaluation Procedure in the United States[M]. Transportation Research Record. 2000.

[11] Cruzado I, Valdes D, Calero C. Speed and design consistency of combined horizontal and vertical alignments in two – lane rural roads. [J]. Healthnet/bc Jul, 2014, 9(4):566-566.

[12] Misaghi P, Hassan Y. Modeling Operating Speed and Speed Differential on Two – Lane Rural Roads[J]. Journal of Transportation Engineering, 2005, 131(6):408-418.

[13] Ana Maria Pérez Zuriaga, Alfredo García García, D' Attoma P. Modeling Operating Speed and Deceleration on Two – Lane Rural Roads with Global Positioning System Data[M].

Transportation Research Record: Journal of the Transportation Research Board. 2010.

[14] Gibreel G M , Easa S M , Eldimeery I A . Prediction of Operating Speed on Three – Dimensional Highway Alignments[J]. Journal of Transportation Engineering, 2001, 127(1): 21-30.

[15] Shi S, Liu X , Cao K , et al. Study on cloud model of operating speed based on road alignment and sight distance[C]. International Conference on Transportation. IEEE, 2012.

[16] Xianghai M , Dandan W , Zhizhao Z . Analysis and Prediction of Operating Speed on Horizontal Curve Combined with Longitudinal Slope for Expressway[J]. Journal of Transportation Systems Engineering & Information Technology, 2014, 113(2):881-884.

[17] He J L , Chen S G , Zhang X S . Research on Technology of Highway Curve and Slope Road Segment Alignment Safety Design[J]. Applied Mechanics and Materials, 2012, 204-208:1665-1668.

[18] Kulakowski B T. Artificial Neural Network Speed Profile Model for High – Speed Highway Construction Work Zones[C]. 2006.

[19] Memon R A , Khaskheli G B , Qureshi A S . Operating speed models for two – lane rural roads in Pakistan[J]. Canadian Journal of Civil Engineering, 2008, 35(5):443-453.

[20] Semeida, Ahmed M . Impact of highway geometry and posted speed on operating speed at multi – lane highways in Egypt[J]. Journal of Advanced Research, 2013, 4(6):515-523.

[21] A. D'Andrea, O. Pellegrino. Application of Fuzzy Techniques For Determining The Operating Speed Based On Road Geometry[J]. 2012,1(24):203-214.

[22] John McFadden, J. , WenTai Yang, and S. Rocky Durrans. Application of Artificial Neutral Networks to Predict Speeds on Two – Lane Rural Highways[J]. Transportation Research Record 1751,9-18.

[23] Singh D, Zaman M, White L. Modeling of 85th Percentile Speed for Rural Highways for Enhanced Traffic Safety[C]. Report Submitted to Oklahoma Department of Transportation. FHWA 2211,2011.

[24] Issa R, Zaman M, Najjar YM. Modeling the85^{th} Percentile Speed on Oklahoma Two – Lane Rural Highways: A Neutral Network Approach[C]. Report Submitted to Oklahoma Department of Transportation,1998(6007),125-5227.

[25] Jacob A , Dhanya R , Anjaneyulu M V L R . Geometric Design Consistency of Multiple Horizontal Curves on Two – lane Rural Highways[J]. Procedia – Social and Behavioral Sciences, 2013, 104:1068-1077.

[26] 钟小明,荣建,刘小明,等.高速公路弯坡路段小客车自由流运行速度模型研究[J].公路交通科技,2004, 21(12): 84-88.

[27] 符锌砂,刘震.基于平纵组合线形的理论运行速度预测模型[J].长安大学学报(自然科学版),2010, 30(3): 24-27.

[28] 王丹丹. 高速公路平纵组合路段运行速度预测研究[D].哈尔滨:哈尔滨工业大学, 2014.

[29] 宋涛，张永生，郭彩香. 山区公路平曲线运行速度预测模型研究[J]. 交通运输工程与信息学报，2007，5(1)：118-123.

[30] 许金良，叶亚丽，苏英平，等. 双车道二级公路纵坡段车辆运行速度预测模型[J]. 中国公路学报，2008，21(6)：31-36.

[31] 叶亚丽，许金良，杨宏志，等. 双车道二级公路小半径曲线段“运行速度—半径”模型研究[J]. 公路，2009(4)：104-109.

[32] 杨宏志，张景涛，许金良. 基于运行速度的双车道公路平面线形安全评价[J]. 公路交通科技，2010，27(9)：127-131.

[33] 杨少伟. 可能速度与公路线形设计方法研究[D]. 西安：长安大学，2004.

[34] 杜博英. 运行速度与公路线形[D]. 上海：同济大学，2003

[35] 徐进，罗庆，毛嘉川，等. 考虑弯道几何要素和交通量影响的汽车行驶速度预测模型[J]. 中国公路学报，2012，25(4)：47-57.

[36] 贺玉龙，卢仲贤，马国雄，等. 高速公路直线段车辆稳定运行速度模型[J]. 公路，2002(10)：99-103.

[37] 祝站东，荣建，周伟. 高速公路隧道路段小客车运行速度模型研究[J]. 公路交通科技，2010，27(7)：123-129.

[38] 祝站东. 基于道路环境的双车道公路运行速度模型研究[D]. 北京：北京工业大学，2011.

[39] 周荣贵，孙家风，李冰，等. 一级公路路侧干扰对运行速度的影响研究[J]. 中国公路学报，2010，23(增刊)：69-72.

[40] 朱照宏，景天然，W. 杜尔特. 按公路线形确定行车速度和燃油消耗[J]. 同济大学学报，1989，17(4)：427-435.

[41] 钟小明，刘小明，荣建，等. 基于高速公路路线设计一致性的中型卡车运行速度模型[J]. 公路交通科技，2005，22(3)：92-96.

[42] 孙国富，徐淼，罗彬彬，等. 基于实测速度的山区双车道公路运行速度预测模型研究[J]. 交通标准化，2010，(19)：68-72.

[43] 袁凯. 基于道路线形的高速公路运行车速预测模型研究[D]. 长沙：长沙理工大学，2011.

[44] 袁凯，郭艳花，刘乔华，等. 高速公路S形弯坡路段自由流大货车运行速度预测模型[J]. 公路与汽运，2011(3)：43-47.

[45] 邓云潮. 公路长大下坡路段小客车运行速度预测模型[J]. 长安大学学报：自然科学版，2009(4)：43-47.

[46] 孟祥海，王丹丹，张志召. 高速公路平纵组合路段运行速度分析与预测[J]. 交通运输系统工程与信息，2014，14(2)：150-157.

[47] 王辉. 基于聚类与自适应神经模糊推理的车速预测[J]. 计算机工程与应用，2008，44(6)：240-242.

[48] 靳灿章，候志峰，徐桂兴，等. 基于遗传神经网络的高速公路纵坡运行速度预测方法研究[J]. 城市道桥与防洪，2013，(1)：123-125.

[49] 王建强,邱红桐,王运霞,等. 基于BP神经网络的双车道公路运行车速预测模型[J]. 公路与汽运, 2009, (5):56-59.

[50] 阮贤材. 山区高速公路弯道路段汽车车速预测研究[D]. 广州:华南理工大学, 2016.

[51] 刘晓东. 基于公路线形和视距的运行速度云模型初步研究[D]. 长春:吉林大学,2009.

[52] 刘运通. 道路交通安全指南[M]. 北京:人民交通出版,2004.

[53] 陈胜营,张剑飞,汪亚干. 公路设计指南[M]. 北京:人民交通出版社,2000.

[54] Leisch J. E. ,Leisch J. P. New concepts in Design Speed Application[J]. Transportation Research Record.

[55] 唐忠国,兰兴荣. 高速公路行车速度与行车安全性分析研究[J]. 公路交通科技(应用技术版),2011, (5):257-258,278.

[56] 过秀成. 道路交通安全学[M]. 南京:东南大学出版社,2001.

[57] 徐吉谦, 陈学武. 交通工程总论[M]. 北京:人民交通出版社, 2008.

[58] 郑安文,牛悼民. 高等级公路运行速度与设计车速匹配研究[J]. 武汉科技大学学报(自然科学版),2003 , 273-275.

[59] 唐睁睁. 限速、车速与安全[J]. 公路交通科技. 2005,97-100.

[60] 郑安文. 期望车速的意义及其影响因素分析[J]. 武汉科技大学学报(自然科学版), 2005, 28(1): 61-64.

[61] Rashevsky N. Mathematical biophysics of automobile driving[J]. Bulletin of Mathematical Biophysics,1959,21:375-385.

[62] 高骆秋. 基于空间可达性的山地城市公园绿地布局探讨[D]. 重庆:西南大学,2010.

[63] 王建军, 严宝杰. 交通调查与分析[M]. 北京:人民交通出版社, 2004.

[64] 李泽新, 王蓉. 山地城市道路交通环境特点及其控制对策[J]. 山地学报,2014, 32(1):46-51.

[65] Transportation Research Board. Highway Capacity Manual 2010[R]. Washington D C: National Research Council, 2010.

[66] P. Olszewski. Overall Delay, Stopped Delay, and Stops at Signalized Intersections[J]. Journal of Transportation Engineering. 1993. 119:835-852.

[67] 邵长桥. 平面信号交叉口延误分析[D]. 北京:北京工业大学,2002.

[68] 陈绍宽, 郭谨一, 王 璇, 等. 信号交叉口延误计算方法的比较[J]. 北京交通大学学报, 2005, 29(3):77-80.

[69] 庄斌, 马林, 蔡润林. 基于GPS车辆定位信息的交叉口延误计算方法[J]. 城市交通, 2009,7(1):66-81.

[70] 于泉, 孙玲, 荣建. 基于浮动车数据调查方法的交叉口延误计算[J]. 重庆交通大学学报,2009,28(2):283-286.

[71] Ryan Jay Herring. Real-Time Traffic Modeling and Estimation with Streaming Probe Data Using Machine Learning[D]. USA: The University of California, Berkeley. 2010.

[72] 张蓉, 石建军, 任福田, 等. 微观仿真信号交叉口车辆运动的实现与研究[J]. 计算机仿真,2004, 21(3):105-108.

[73] 马万经，杨晓光. 信号控制交叉口实时延误计算与仿真研究[J]. 交通与计算机. 2006,24(3):1-4.

[74] 张惠玲，尹宝计，敖谷昌. 基于占有率的信号交叉口引道延误推算研究[J]. 合肥工业大学学报(自然科学版),2013,36(9):1047-1049.

[75] 冉启武，杨建国，王兆安,等. 基于视频的车辆瞬时停车延误检测[J]. 西安交通大学学报,2007,6(41):692-696.

[76] Webster, F. V. 1958. Traffc Signal Settings[R]. London: Road Research Technical Paper No. 39, Road Research Laboratory, Her Majesty Stationary Office.

[77] Akcelik, Rahmi and Nagui Rouphail . Overflow of Queues and Delays with Random and Platooned Arrivals at Signalized Intersections[J]. Journal of Advanced Transportation, 1994, 28(3):227-251.

[78] 刘广萍，翟润平. 信号交叉口进口道延误模型[J]. 哈尔滨工业大学学报, 2007, 39(4):609-612.

[79] Francois Dion, Hesham Rakha, Youn - Soo Kang. Comparison of Delay Estimates at Under - saturated and Over - saturated Pre - timed Signalized Intersections[J]. Transportation Research Part B,2004,38:99-122.

[80] 张惠玲，李克平，敖谷昌. 监控环境下信号交叉口控制延误获取方法研究[J]. 北京交通大学学报, 2010, 34(6):40-45.

[81] 沈旅欧，刘好德. 信号控制交叉口控制延误算法的适应性研究[J]. 同济大学学报(自然科学版),2012, 40(4):559-563.

[82] 李锐，郑长江，袁黎,等. 基于等效流率的两相位信号交叉口车均延误研究[J]. 长安大学学报(自然科学版),2015, 35(增):95-99.

[83] Miller A J. Setting for fixed - cycle traffic signals[J]. Operational Research Quarterly, 1963, 14(3):373.

[84] 全永燊. 城市交通控制[M]. 北京：人民交通出版社, 1989.

[85] 蒲琪，黄启超，杨佩昆. 交叉口延误的概率统计模型[J]. 同济大学学报(自然科学版), 2005, 33(10):1309-1312.

[86] Yetis Sazi Murat, Sabit Kutluhan, Ziya Cakici. Investigation of Cyclic Vehicle Queue and Delay Relationship for Isolated Signalized Intersections[C]. EWGT2013 - 16th Meeting of the EURO Working Group on Transportation,2013.

[87] 李宏怿，马成业，孟新友,等. 交叉路口车辆延误的调查与模型应用[J]. 甘肃科学学报, 2015, 27(3):144-148.

[88] Anuj Sharma, Darcy Bullock, James A. Bonneson, Input - Output and Hybrid Techniques for the Real Time Prediction of Delay and Maximum Queue Length at a Signalized Intersection[C]. Transportation Research Broad 2007,Washington, D. C. :07-0487.

[89] Jianyang Zheng, Xiaolei Ma, Yinhai Wang, Ping Yi. Measuring Signalized Intersection Performances in Real - Time with Traffic Sensors[C]. Transportation Research Broad 2009, Washington, D. C. :09-3119.

[90] Ahmed Abdel – Rahim, Michael Dixon, Li – Wei Tung. Automated Measurement of Approach Delay at Signalized Intersections: A Vehicle Event – Based Method[C]. Transportation Research Broad 2009, Washington, D. C. :09-1287.

[91] Chun Shao, Ping Yi, Cong Feng, Baoji Wang. Gap Recognition Approach to Delay Estimation on Urban Streets [C]. Transportation Research Broad 2010, Washington, D. C. : 10-2200.

[92] 张惠玲, 李克平, 孙剑. 信号控制交叉口延误参数提取研究[J]. 合肥工业大学学报(自然科学版),2010, 33(12):1770-1774.

[93] 张志松. 基于欠采样 GPS 数据的信号交叉口延误估计研究[D]. 哈尔滨:哈尔滨工业大学, 2014.

[94] Shriniwas S. Arkatkar and V. Thamizh Arasan. Effect of Gradient and Its Length on Performance of Vehicles under Heterogeneous Traffic Conditions[J]. Journal of Transportation Engineering, ASCE,2010,136(12):1120-1136.

[95] Rongjie Yu, Mohamed Abdel – Aty and Mohamed Ahmed. Bayesian Random Effect Models Incorporating Real – Time Weather and Traffic Data to Investigate Mountainous Freeway Hazardous Factors[J]. Accident Analysis and Prevention, Elsevier,2013,50:371 – 376.

[96] Wen Jun, Zhong – RenPeng, LiLi and Qing – ChangLu. Driving Speed Behavior of Cars and Trucks on Six – Line Highway Work Zone Considering Lane and Location Deviation [C]. Transportation Research Board 93rd Annual Meeting. Washington D. C:2014.

[97] 周荣贵等. 高速公路纵坡坡度与运行速度的关系[J]. 公路交通科技,2003,20(4): 34-37.

[98] Krammes R. A. , Brackett R. A. , Shaffer M. A. , et. al. Horizontal alinement design consistency for rural two – lane highways[C]. Washington. D. C: FHWA – RD – 94-034, 1994.

[99] 梁玉娟, 薛郁. 道路弯道对交通流影响的研究[J]. 物理学报, 2010, 59(8): 5325-5337.

[100] 徐进, 邵毅明, 赵军,等. 山区道路弯坡组合路段重载车辆行驶速度模型[J]. 长安大学学报(自然科学版), 2015, 35(2):68-74.

[101] May A. D. And Keller H. E. M.. A deterministic queuing model [J]. Transportation Research, 1967, 1(2): 117-128.

[102] 曹翔宇. 城市路段行程时间计算研究[D]. 广州: 中山大学,2008.

[103] Kimber R. M. , Hollis E. M.. Traffic queues and delays at road junctions[J]. Transportation RoadResearch Laboratory, 1979, TRRL Report 909.

[104] Akcelik R.. Time-dependent expressions for delay, stop rate and queue length at traffic signals[M]. Australian, 1980.

[105] 张惠玲, 王益, 尹宝计,等. 基于实时延误的交叉口控制方案优化分析[J]. 广西大学学报(自然科学版),2015, 40(1), 149-154.

[106] 吴兵, 李晔. 交通管理与控制[M]. 4 版. 北京:人民交通出版社, 2009.

[107] 上海市城乡建设和交通委员会. 城市道路平面交叉口规划与设计规程:DGJ 08-96—

2001[S].上海,2001.

[108] 陈锦绣,陈小鸿,林航飞.《城市道路平面交叉口规划与设计规程》基本饱和流量与大车校正系数检验研究[J].城市交通.2004,2(3):17-20.

[109] 陆化普.智能交通系统概论[M].北京:中国铁道出版社,2004.

[110] 袁振洲.道路交通管理与控制[M].北京:人民交通出版社,2008.

[111] 任福田,刘小明,荣建,等.交通工程学[M].北京:人民交通出版社,2002.

[112] Allopre. Delay at a fixed time traffic signal: theoretical analysis[J]. Transportation Science, 1972, 6(3): 260-285.

[113] Miller, A. J. Settings for fixed – cycle traffic signals[J]. Operations Research Quarterly 1963, 14: 373-386.

[114] Akcelik, Rahmi. Traffic signals: capacity and timing analysis[R]. Research Report No. 123, Vermont South: Australian Road Research Board, 1981.

[115] Arasan V T, Jagadeesh K. Effect of heterogeneity of traffic on delay at signalized intersection[J]. Journal of Transportation Engineering, 1995, 121(5): 397-404.

[116] van Zylen H J, Viti F. Delay at controlled intersections: the old theory revised[C]// 2006 IEEE Intelligent Transportation Systems Conference, Toronto, Canada, 2006: 17-20.

[117] 孙玲.基于浮动车调查方法的信号交叉口延误估计研究[D].北京:北京工业大学,2007.

[118] Cai Q, Zhongyu Wang, Lingyu Zheng, et al. A shockwave approach to estimating queue length at signalized intersections by fusing data of point and mobile sensors[C]. Transportation Research Broad 2014, Washington, D. C. :14-1181.

[119] Ban X (Jeff), Ryan Herring, Peng Hao, Alexandre M. Bayen. Delay pattern estimation for signalized intersections using sampled travel times[J]. Transportation Research Record, 2009, 2130: 109-119.

[120] Brennan, T. M., J. M. Ernst, C. M. Day, D. M. Bullock, J. V. Krogmeier, M. Martchouk. Influence of vertical sensor placement on data collection efficiency from bluetooth MAC address collection devices[J]. Journal of Transportation Engineering, 2010, 136 (12): 1104-1109.

[121] Kebab, W., Dixon, M. P., and Abdel – Rahim, A field measurements of approach delay at signaled intersections using point data[C]. Transportation Research Record: Journal of the Transportation Research Board, 2007, 2027: 37-44.

[122] Ragab M Mousa. Analysis and modeling of measured delays at isolated signalized intersections[J]. Journal of Transportation Engineering, 2002, 128(4): 347-354.

[123] Marshall T. Cheek, H. Gene Hawkins Jr., James A. Bonneson. Improvements to a queue and delay estimation algorithm utilized in video image vehicle detection systems[C]. Transportation Research Broad 2008, Washington, D. C. :08-1123.

[124] Steven M Click, Elizabeth Boden. Real time traffic signal delay estimation using state – of –

the – practice detection technology: a simulation proof – of – concept[C]. Transportation Research Broad2010, Washington, D. C. :10-2691.
[125] 张惠玲，李克平，钱红波，等. 基于视频双截面的信号控制交叉口延误检测[J]. 同济大学学报(自然科学版), 2011, 39(7): 1013-1018.
[126] 杨晓光，杨佩昆. 信号灯控制交叉口停车线车辆延误模拟算法[J]. 同济大学学报, 1993,21(1): 67-73.
[127] 刘运通. 交通仿真技术[M]. 北京:人民交通出版社, 2002.
[128] Taylor R. Forbush, Mitsuru Saito. Developing algorithms for real – time delay estimation at signalized intersections using vehicle arrival and departure times[C]. Transportation Research Broad 2008, Washington, D. C. :13-0599.
[129] A. G. Hobeika, Chang kyun Kim. Traffic – flow – prediction systems based on upstream [C]. USA:Piscataway NJ, 1994: 345-350.
[130] Smith BL, Demetsky MJ. Short – term traffic flow prediction models: A comparisonof neural network and regression approach [C]. Systems, Man, and Cybernetics, 1994: 1706-1710.
[131] Ojeda L L, Kibangou A Y, de Wit C C. Adaptive Kalman filtering for muti – step ahead traffic flow prediction[C]. American Control Conference (ACC), 2013: 4724-4729.
[132] 王殿海，曲大义. 一种实时动态交通流量预测方法[J]. 中国公路学报, 1998(11): 102-107.
[133] 江龙晖. 基于数据融合的城市快速路交通参数短时预测方法研究[D]. 吉林: 吉林大学, 2004.
[134] 张美英，何杰. 时间序列对预测模型研究简介[J]. 江西科学, 2009, 27(5): 697-701.
[135] 唐文杰，肖杰，刘卉，等. 基于自小误差估计的综合时间序列预测法及其应用[J]. 四川电力技术, 2006, 29(3): 9-11.
[136] 贾永兵. 基于 SVM 的交通流短时预测方法研究[D]. 成都: 西南交通大学, 2012.
[137] 周常胜. Hadoop 环境下基于 SVR 的短时交通流预测[D]. 大连: 大连理工大学, 2014.
[138] Laibin Zhang, Zhaohui Wang, Shangxin Zhao. Short – term fault prediction of mechanical rotating parts on the basis of fuzzy – grey optimizing method[J]. Mechanical Systems and Signal Processing, 2007, 21(2): 856-865.
[139] 游中胜，何丽 张高亮. 基于改进 GM(1,1)模型的城市短时交通流预测研究[J]. 重庆师范大学学报(自然科学版), 2016, 33(1): 168-172.
[140] 孙波军，尹伟石. 改进的灰色模型及在短时交通流中的应用[J]. 数学的实践与认识, 2016, 47(22): 201-206.
[141] Smith Brian L, Demetsky M. J. Short – term traffic flow prediction: Neural Network approach[J]. Transportation Research Record, 1994, 1453: 98-104.
[142] Ledoux C. An urban traffic flow model integrating neural networks[J]. Transpotation Re-

search Part C Emerging Technologies, 1997, 5(5): 287-300.

[143] R. Yasdi. Prediction of road traffic using neural network approach[J]. Neual Computer & Application, 1999, 8(2): 135-142.

[144] Alex Aussem. Dynamical recurrent neural networks toward prediction and modeling of dynamical systems[J]. Neurocomputing, 1999, 28(1): 207-232.

[145] 张晓利, 陆化普. 短时交通流预测特性及实例分析[J]. 公路交通科技, 2009, 34(11): 62-68,73.

[146] 王凡. 基于支持向量机的交通流预测方法研究[D]. 大连: 大连理工大学, 2010.

[147] 崔立成. 基于多断面信息的城市道路网络交通流预测方法研究[D]. 大连: 大连海事大学, 2012.

[148] Vanajakshi L, Rilett L R. A comparison of the performance of artificial neural networks andsupport vector machines for the prediction of traffic speed[C]. In: IEEE Intelligent Vehicles Symposium. Piscataway: IEEE, 2004, 194-199.

[149] 姚智胜, 邵春福, 高永亮. 基于支持向量回归机的交通状态短时预测方法研究[J]. 北京交通大学学报, 2006, 30(3): 19-30.

[150] 赵亚萍, 张和生, 周卓楠, 等. 基于最小二乘支持向量机的交通流量预测模型[J]. 北京交通大学学报, 2011, 35(2): 114-117.

[151] 朱顺应. 交通流参数及交通事件动态预测方法[M]. 南京: 东南大学出版社, 2008.

[152] Attoor Sanju Nair, Jyh – ham Liu, Laurence Rilett, et al. Non – linear analysis of traffic flow[C]. IEEE Conference on Intelligent Transportation Systems. Oakland, USA: IEEE. 2001: 681-685.

[153] Wang J, Shi Q X, Lu H P. The study of short – term traffic flow forecasting based on theory of chaos[C]. 2005 IEEE Intelligent Vehicles Symposium Proceedings, 2005, 869-874.

[154] 张勇, 关伟. 基于最大李雅普诺夫指数的改进混沌时间序列预测[J]. 系统工程学报, 2011, 26(3):340-345.

[155] 董春娇, 邵春福, 李娟, 等. 基于混沌分析的道路网交通流短时预测[J]. 系统工程学报, 2011, 26(3): 340-345.

[156] Voort M V D, Dogherty M, Watson S. Combining kohonen maps with arima time series models to forecast traffic flow[J]. Transportation Research Part C Emerging Technologies, 1996, 4(5):307-318.

[157] Yuan Z, Li W, Liu H. Forecast of dynamic traffic flow[C]. In: Wang K C P, Xiao G, Ji J, eds. Conference on Traffic and Transportation Studies, 2000:507-512.

[158] 陈淑燕, 王炜. 交通量的灰色神经网络预测方法[J]. 东南大学学报(自然科学版), 2004, 34(4):541-544.

[159] 董如何, 肖必华, 方永水. 正交试验设计的理论分析方法及应用[J]. 安徽建筑工业学院学报(自然科学版), 2004, 12(06): 103-106.

[160] 李志. 平面交叉口间距对道路交通的影响[J]. 山西建筑, 2014, 40(26): 157-159.

[161] 沈家军, 王群. 基于通行效率最优的交叉口控制方式优选[J]. 郑州大学学报(工学

版)，2016，37(3)：60-63.

[162] Olszewski P S. Modeling probability distribution of delay at signalized intersections[J]. Journal of advanced transportation, 1994, 28(3): 253-274.

[163] Adesola O I. Orthogonal experiments in the development of carbon – resin for chloride removal from solutions[J]. Statistical Methodology, 2009, 6(2):109-119.

[164] 倪同和. 道路交通规划关键指标预测方法研究[D]. 吉林：吉林大学，2011.

[165] 朱晟，蒋传文，侯志俭. 基于气象因子的 Elman 神经网络短期负荷预测[J]. 动力系统及自动化学报，2005，17(1)：23-26.

[166] 刘荣. 基于 Elman 神经网络的短期负荷预测[D]. 浙江：浙江大学，2013.

[167] 雒冰. 单点信号交叉口智能控制的优化模型和方法研究[D]. 北京：北京交通大学，2017.

[168] 刘光新，李克平，孙剑. 信号控制交叉口行人过街等待时间研究[J]. 中国安全科学学报，2009，19(9)：159-166.

[169] 李硕，范炳全. 动态与随面交通网络模型与应用[M]. 上海：同济大学出版社，2005.

[170] 王春梅. 城市道路交叉口公交优先信号控制技术研究[D]. 长沙：湖南大学，2010.

[171] 王炜，过秀成. 交通工程学[M]. 南京：东南大学出版社，2000.

[172] 成卫. 城市交通冲突技术理论与应用[M]. 北京：科学出版社，2006.

[173] 沈志云. 交通运输工程学[M]. 北京：人民交通出版社，1999.

[174] T. P. Hutchinson. Delay at a fixed Time Traffic Signal – Numerical Comparison of Some Theoretical Expressions. Transportation Science. 1971.

[175] HeidemannD. Queue length and delay distributions at traffic signals[J]. Transportation Research Part, 1994, 50(2):132-143.

[176] Transportation Research Board. Highway Capacity Manual(HCM) special report209[R]. Washington D. C. ,1985.

[177] Transportation Research Board. Highway Capacity Manual(HCM) special report209[R]. Washington D. C. ,1994.

[178] Transportation Research Board. Highway Capacity Manual(HCM) special report209[R]. Washington D. C. ,1997.

[179] Transportation Research Board. Highway Capacity Manual(HCM) special report209[R]. Washington D. C. ,2000.

[180] Wolshon B, Taylor W C . Analysis of intersection delay under real – time adaptive signal control[J]. Transportation Research Part C (Emerging Technologies), 1999, 7(1): 53-72.

[181] Hu, Yu, Hellendoorn, J. . A two – step travel delay estimation method for macroscopic urban traffic models[P]. Intelligent Transportation Systems (ITSC), 2014 IEEE 17th International Conference on, 2014.

[182] Thiagarajan A , Ravindranath L , Lacurts K L, et al. VTrack: Accurate, Energy – aware Road Traffic Delay Estimation Using Mobile Phones[C]// Proceedings of the 7th Interna-

tional Conference on Embedded Networked Sensor Systems, SenSys 2009, Berkeley, California, USA, November 4-6, 2009. ACM, 2009.

[183] Hong – Zhi G, Ming – Wen W, Hong – Bo C. Study on Road Traffic Delay Caused by Bicycle for Mixed Traffic Stream[J]. Journal of Beijing Polytechnic University, 2005.

[184] MURAT, Sazi Y. Comparison of fuzzy logic and artificial neural networks approaches in vehicle delay modeling[J]. Transportation Research Part C, 2006, 14(5):316-334.

[185] Weihua Z, Huapu L U. Analysis of vehicle delay of intersections with pre – signals based on bus priority[J]. China Journal of Highway & Transport, 2005, 18(4):78-82.

[186] Feng S, Pei Y. Analysis of Vehicle Delay on Road Sections on the Condition of Pedestrian Crossing[J]. Journal of Transportation Systems Engineering and Information Technology, 2007, 7(3):73-77.

[187] Goel S, Bush S F, Ravindranathan K. Self – organization of traffic lights for minimizing vehicle delay [C]//International Conference on Connected Vehicles & Expo. IEEE, 2015.

[188] Li Y, Shi Z. [American Society of Civil Engineers First International Conference on Transportation Engineering – Southwest Jiaotong University, Chengdu, China (July 22-24, 2007)] International Conference on Transportation Engineering 2007 – Vehicle Delay Model with Colony of Pedestrian Signal Noncompliance at Signalized Intersections in Developing Cities[J]. 2007:1064-1069.

[189] Cui W, Guo D. Vehicle delay series forecast based on trajectories of GPS tracked cabs [C]// International Conference on Geoinformatics. IEEE, 2016.

[190] Ge H , Wang W , Chen X , et al. Traffic delay at signal – controlled intersection with bus stop upstream[J]. Journal of Southeast University, 2006, 36(6):1018-1023.

[191] Romanoni A, Mussone L, Rizzi D, et al. A comparison of two Monte Carlo algorithms for 3D vehicle trajectory reconstruction in roundabouts [J]. Pattern Recognition Letters, 2015, 51:79-85.

[192] Fard M R, Mohaymany A S, Shahri M. A new methodology for vehicle trajectory reconstruction based on wavelet analysis[J]. Transportation Research Part C Emerging Technologies, 2017, 74:150-167.

[193] Spagnol C, Muradore R, Assom M , et al. Trajectory reconstruction by integration of GPS and a swarm of MEMS accelerometers: model and analysis of observability[C] International IEEE Conference on Intelligent Transportation Systems. IEEE, 2005.

[194] Montanino M, Punzo V. Making NGSIM Data Usable for Studies on Traffic Flow Theory [J]. Transportation Research Record Journal of the Transportation Research Board, 2013, 2390(2390):99-111.

[195] Montanino M, Punzo V. Trajectory data reconstruction and simulation – based validation against macroscopic traffic patterns[J]. Transportation Research Part B: Methodological, 2015, 80:82-106.

[196] Berkow M, Monsere C M, Koonce P J V, et al. Prototype for Data Fusion Using Stationary and Mobile Data[J]. Transportation Research Record Journal of the Transportation Research Board, 2009, 2099(1):102-112.

[197] Dixon M P, Rilett L R. Population Origin – Destination Estimation Using Automatic Vehicle Identification and Volume Data[J]. Journal of Transportation Engineering, 2005, 131(2):75-82.

[198] Coifman B . Estimating travel times and vehicle trajectories on freeways using dual loop detectors[J]. Transportation Research Part A, 2002, 36(4):351-364.

[199] Gindele T, Brechtel S, Dillmann R. A probabilistic model for estimating driver behaviors and vehicle trajectories in traffic environments[C]// Intelligent Transportation Systems (ITSC), 2010 13th International IEEE Conference on. IEEE, 2010.

[200] Toledo T, Koutsopoulos H N, Ahmed K I. Estimation of Vehicle Trajectories with Locally Weighted Regression[M]// Transportation Research Record: Journal of the Transportation Research Board. 2007.

[201] 李普照，吕云凯，池燕虎. 基于车辆延误的城市交叉口三相位信号控制及 VISSIM 仿真[J]. 青岛科技大学学报(自然科学版)，2017，38(1):180-183.

[202] 谢正全. 基于 VISSIM 的实时数据交通仿真技术的应用研究[D]. 西南交通大学,2007.

[203] 王玉鹏. 基于 VISSIM 仿真的交叉口延误分析[J]. 物流科技，2006，29(4):34-36.

[204] 刘广萍，裴玉龙，Guang – Ping L ,等. 信号控制下交叉口延误计算方法研究[J]. 公路交通科技，2005，18(1):110-114.

[205] 李硕，张谞博，周慧,等. 城市信号控制交叉口延误计算与仿真研究[J]. 湘潭大学自然科学学报编辑部，2011，33(4):45-50.

[206] 朱兴琳，张坤，艾力·斯木吐拉,等. 不良天气下城市道路平面信号控制交叉口延误分析[J]. 科学技术与工程，2012，12(36):9894-9899.

[207] 陈河明，李硕，高岩,等. 信号交叉口期望交通延误模型及计算方法研究[J]. 交通运输系统工程与信息，2013，13(3):170-177.

[208] 赵雪峰，黄肇义，林航飞. 期望车速分布和路段长度对交通延误影响的仿真分析[J]. 交通信息与安全，2006，24(6):84-87.

[209] 周溪召，许琰. 车道宽度对信控交叉口通行能力及车辆延误影响研究[J]. 华东交通大学学报，2016(6).

[210] 尹安东，阎耀双. 城市道路信控交叉口车辆延误分析与治理对策[J]. 合肥工业大学学报(自然科学版)，2007，30(3):353-356.

[211] 张谞博. 信号控制道路交叉口车辆延误模型研究[D]. 长沙:湖南大学，2011.

[212] 王龙飞. 基于车牌照的车辆出行轨迹分析方法与实践研究[D]. 西安:长安大学，2011.

[213] Sun Z, Ban X. Vehicle trajectory reconstruction for signalized intersections using mobile traffic sensors[J]. Transportation Research Part C Emerging Technologies, 2013, 36

(11):268-283.

[214] Yang J, Sun J. Vehicle path reconstruction using automatic vehicle identification data: An integrated particle filter and path flow estimator[J]. Transportation Research Part C, 2015, 58:107-126.

[215] 唐克双, 徐天祥, 潘昂,等. 基于定点检测数据的城市干道车辆轨迹重构[J]. 同济大学学报(自然科学版), 2016, 44(10):1545-1552.

[216] 蒋益娟, 李响, 李小杰,等. 利用车辆轨迹数据提取道路网络的几何特征与精度分析[J]. 地球信息科学学报, 2012, 14(2):165-170.

[217] 刘昌平, 王勇, 崔洪刚. 基于 MapX 实时绘制车辆轨迹的研究与实现[J]. 南昌工程学院学报, 2005, 24(3):40-42.

[218] 丁军, 马晓, 清华大学. 车辆轨迹数据的若干处理方法研究[J]. 第十一届海峡两岸智能运输系统学术研讨会, 2011, 29(5):10-14.

[219] 杨伟, 艾廷华. 基于车辆轨迹大数据的道路网更新方法研究[J]. 计算机研究与发展, 2016(12):2681-2693.

[220] 邵长桥, 荣建. 信号交叉口专用双左转车道通行能力[J]. 交通运输工程学报, 2010(4):79-84.

[221] 杨佩昆. 交通管理与控制[M]. 北京:人民交通出版社, 2003.

[222] 王炜, 高海龙, 李文权. 公路交叉口通行能力分析方法[M]. 北京:科学出版社, 2001.

[223] 李元元. 信号交叉口公交优先控制策略研究[D]. 西安:长安大学, 2007.

[224] 田晨. 城市信号交叉口延误随机性研究[D]. 西安:长安大学, 2009.

[225] James A, Bonneson C J, Messser D. Phase capacity characteristics for signalized interchange and intersection approaches. 77th TRBAnnual Meeting, 1997,12(3):126-143.

[226] Li Shuo. Locating changeable message signs for advanced traffic information and management systems. Canadian Journal of Civil Engineering, 2008,21:145-149.

[227] 国家重点攻关科技项目《公路通行能力研究》课题组. 道路通行能力研究报告[R]. 2000.

[228] 潘登, 郑应平. 基于双曲函数的车辆减速策略及安全跟驰车距的计算[J]. 交通信息与安全, 2007, 25(5):54-58.

[229] 卞建光. 磁浮列车运行控制系统相关性质及辅助停车区特性研究[D]. 杭州:浙江大学,2006.

[230] 吴万阳, 荣建, 张智勇,等. 自由状态下车辆启动加速模型的研究[J]. 公路交通科技, 2003, 20(3):1.